キミのこころに語りかける
24のKey Word

聖書に登場する19人の女性の物語

沖崎 学

フォレストブックス

この小著出版に際して、
恩師・佐古純一郎先生、
金城学院宗教総主事・小室尚子先生、
みどり野会・松浦あんさんに、
こころから感謝しています。

A WOMAN WITH A JAR OF PURE NARD

QUEEN OF SHEBA

ESTHER

DELILAH

はじめに

キミの人生には、何度か**転機**というものがある！

転機という字は、「転がる機会」と書く。その転機という言葉を辞書で引くと、「大きな節目」とか、「すべての変わり目」という意味があると書かれてある。それをイメージするなら、ふだんは決して動かない大きな岩があるとする。これまで、動いたところなど誰も見たことがない。でも、その岩が、何かの大きな衝撃によって、グググッと動き出す。それが、転機なのだ。

キミは、**今**、その転機を迎えている！

中学を卒業し、高校に進学するとき、さらには、高校を卒業し、大学に進学するとき、人は転機を迎える。人生において、この転機のときというのは、そんなに多くはない。卒業や、進学、就職や、結婚、出産も転機となりうる。反対に、病気になったり、家族や愛する者の死に向き合ったり、人生の成功や失敗、友との出会いや、人間関係の破れも、この転機になりうる。

転機は、非常に大事なターニングポイントであり、それがなかったらキミの人生がまったく違っちゃうほどのものだ。転機を迎えた人は、**こころが新しくされる**（前向きにされる、正しさを求める）。それは、人を前進させ、成長させる。こころという内側が変化する（動きだす）のだから、その人の外側（見た目）も、転機を迎えた人は、やはり少なからず変えられてゆくのだ。大きな岩が動いたら、誰でも動いたことが分かるように、「転機を迎えた人は、その人が、右に動いたのか。左に動いたのか」、その人を見れば分かる。

でも、キミは、この転機を、そんなに**上手く受け止められない**こともある。そのとき、キミはこころが古くなる（後ろ向きになる、不正を受け入れる）。そのとき、キミは前進ではなくて後退し、成長ではなくて老化してしまう。体は生きているのに、そのようなキミは死んでしまっているのだ。なんと、人生には、見た目は（肉体的には）生きているのに、死んでゆく（死んでしまう）ってことがあるのだ。そのとき、キミは道に迷い、誤った方向に進みつつある。

そうではなく、キミに与えられる、この世の転機はすべて（どんな転機も）こころが新しくされる（前向きにされる、正しさを求める、キミを前進させ、成長させる）ためのものでありたい。

この転機を迎える、キミに、**聖書**は、このように語っている。

「あなたがたを襲った試練で、人間として耐えられないようなものはなかったはずです。神は真実な方です。あなたがたを耐えられないような試練に遭わせることはなさらず、試練と共に、それに耐えられるよう、逃れる道をも備えていてくださいます。」

（コリントの信徒への手紙Ⅰ　10章13節）

ここには、「キミは、真実な神さまの愛の中にある。だから、たとえ、突然に試練に襲われたとしても、そこにはかならず意味があり、キミが成長するための道（機会）を、神さまはちゃんとご用意くださっているよ」という意味が込められている。また、そのことは、聖書の物語を読むとき、いっそう明らかにされる。そこに登場する人物が、それぞれそのことを証《あか》ししてくれるからだ。

だから、キミに、その真実の**いしずえ**を探し出してほしい。そんな願いと祈りから、僕は、この小さな本を書き始めた。この本に、僕は、聖書に登場する十九人の女性の「物語」をぎっしりと詰め込んだ。その女性の「物語」を、その場面に応じて、24の「Key Word」で括《くく》った。このそれぞれの場面も、実は、それぞれの女性の人生の転機だったと言える。読み進むにつれて、一人一人の女性の「物語」、「Key Word」、さらに、聖書の言葉が、一つ一つキミのこころに語りかけるものであってほしいと願う。

さあ！　今、まさに転機を迎えているキミ！
キミという大きな岩は、これから右に転がることもできるし、左に転がることもできる。だから、ぜひ、この転機のとき、この世に倣《なら》うのではなくて、真実に正しい道を見いだして、その道をしっかりと選択し、大きな希望を描いて歩んで行こう。

沖崎　学

Key Word

1 「選び」

マリアさんの物語 I

MARY

天使は、彼女のところに来て言った。
「おめでとう、恵まれた方。主があなたと共におられる。」
（新約聖書　ルカによる福音書　1章28節）

「選び」

突然の出来事

一人目は、新約聖書の中に登場する主イエス・キリストの母マリアさんの物語を読んでゆきます。

しかし、いきなりですが、このマリアさんについて詳しく知ろうとしても、聖書を読むだけでは、彼女の生い立ちや素性《すじょう》や容姿のようなものは、ほとんど分かりません。書かれていないのです。聖書は、そのようなことにあまり興味がないようです。が、逆に、聖書に、実にはっきりと描かれていることがあります。それは、このマリアさんに、「神さまが、どのようにかかわっているか?」ということです。

聖書には、次のように書かれています。

天使が、まずダビデ家のヨセフさんという人のいいなずけである、おとめのところに遣わされます。そのおとめの名前が、「マリア」でありました（聖書による、マリアさんの素性《すじょう》の説明は、これだけしかありません）。そのマリアさんのところに来て、天使は告げるのです。「おめでとう、恵まれた方。主があなたと共におられる」と。

神さまは、突然に、このように天使を通して、マリアさんに語ります。マリアさんは、この天使の言葉に戸惑い、「いったいこの挨拶は何のことか」と考え込むのです。自分には、そのように言われる理由が見当たらないからです。これまでの自分にも、今の自分にも、その理由が見当たらないのです。

さらに、同時に、マリアさんは、今、この天使が自分の目の前に現れているという不思議な状況が怖くなります。当たり前のことですよね。

そこで、そのマリアさんを見た、天使は告げます。「マリアさん、恐れることはないのです」と。それどころか、「あなたは、神さまから恵みをいただいた。あなたは身ごもって男の子を産む、そうしたら、その子をイエスと名づけなさい。その子は偉大な人になり、いと高き方の子と言われる」と。

選ばれるということ（マリアさん）

選ばれた理由はどこに

さて、それらの天使の言葉に対して、マリアさんの口をついて出た言葉は、「いえいえ、どうして、そんなことがありえるでしょう。やはり、ありえないことです。わたしは男の人を知らないのですから」というものでした。

この言葉に、恐れと戸惑いのマリアさんの様子がよく表れています。言うまでもなく、ここで告げられている天使の言葉は、「神さまが、このマリアを主イエスの母として、この世の救い主（キリスト）の母として選んのだ」という意味です。

しかし、どうしてマリアさんが、このような状況に置かれているのか、選ばれたのかについての理由や説明はないのです。「どうして、このマリアさんが、この世の救い主である主イエスの母に選ばれたの？」などという私たちの好奇心を満足させるような内容を、またしても、私たちは聖書に見つけることができないのです。

しかし、一方で、だからこそ、実にはっきりと浮かびあがる、私たちへのメッセージがあります。

それは、このマリアさんが選ばれた理由は、マリアさんの側にあるのではなくて、神さまの側にあるということです。そして、逆説的にいえば、それだからこそ、この主イエス・キリストの母はマリアさんでなければならなかった、ともいえるのです。

つまり、このマリアさんの選びは、それほどに、神さまの業《わざ》であった。神さまの業以外の何ものでもなかったということなのです。それゆえまさに、マリアさんの年齢、マリアさんの性格、マリアさんの能力のすべてが、主イエスの母としてピッタリだったのです。決して、マリアさんが、オールマイティで完璧《かんぺき》だからというのではありません。

マリアさんも人間ですから、罪も、欠《か》けも、弱さもあったでしょう。しかしながら、その罪も、主イエス・キリストの十字架の贖《あがな》いによって赦され、欠けも補われて、神さまに用いられる者とされてゆくのです。

戸惑うほどに大きな愛

聖書が告げている、私たちへのメッセージが、ここにあります。私たちも、マリアさんと同じく、この神さまの「選び」の中に置かれているということです。

たとえば、私たちが通う学校にも、私たちは神さまに選ばれて入学し、その学校に在学しているということでもあります。この「選び」の中にも、神さまの働きがあり、私たちは、その場所で、喜びと感謝を数えながら成長することができる。さらに、神さまの栄光を照らしだすような働きを担ってゆくために、ピッタリの者として「ここに選ばれて、在《あ》る」ということなのです。さらに、そのことは、これから先の私たちの人生の中で、かならず意味があるのです。その意味は、後でふり返って、分かることのほうが多いだろうと思いますが。

この選びは、まさに、マリアさんがそうであったように、恐れ戸惑うほど大きな神さまの愛の中の出来事です。そうして、マリアさんと同じように、私たちも神さまから選ばれ、すべてが神さまから与えられていると知るならば、私たちは、今在る自分の周囲に感謝し、今在る自分を愛せるのではないでしょうか。

神さまの選びの中にある自分だから、そんな自分を誇るのではなく、謙虚に自分をへりくだるようにこころがける。また、今在る自分に感謝しつつ、新しい自分を思い描いて、自ら研鑽《けんさん》を積んでゆく。そんな私たちでありたいと思うのです。おそらく、マリアさんも、そうだったはずです。

この世界中の誰一人として、オールマイティだったり、完璧《かんぺき》だという人はありません。人間ですから、罪も、欠《か》けも、弱さもあります。しかし、私たちは、その罪も、主イエス・キリストの十字架の贖《あがな》いによって赦され、神さまの愛の中、選びの中に置かれているのです。

さらには、私たちの欠けや、弱さも補われ、神さまに用いられる者とされている。そのことを信じて、私たちは、今選ばれ与えられている場所にしっかり立ちましょう。また、周りの人とも欠けや弱さを補い合って生きる、私たちでありたいものです。

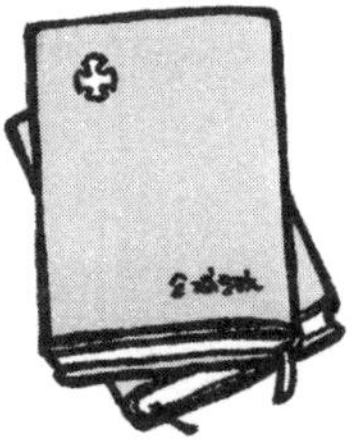

聖書との出合い

ERABI

キミは、神さまに選ばれてる！
そのことを、キミが信じられなくっても。
ちっぽけで、弱虫で、迷ってばっかりでも……。

さあ、信じてみよう！
「そんなキミでも」いやいや、「そんなキミだから」、選ばれてるんだってこと。

入学の日（笑顔のキミ）

Key Word

2 「幸い」

マリアさんの物語 Ⅱ

マリアは言った。「わたしは主のはしためです。お言葉どおり、この身に成りますように。」そこで、天使は去って行った。

（新約聖書　ルカによる福音書　1章38節）

「幸い」

こんなことあり・えない

今回も、マリアさんの物語。引き続き、マリアさんにとっては、同じ人生の場面です。が、ここには、さらに新しいKey Word が浮かびあがってきます。

マリアさんは、主イエスが自分の胎内《たいない》に宿《やど》ったことを、天使によって告げられます。そのときに、マリアさんが語った返事の言葉が、「わたしは主のはしためです。お言葉どおり、この身に成りますように」でした。

マリアさんは、自分が子どもを宿したという、想像さえもしていなかった天使の言葉に、初めは動揺し、不安にこころ乱しました。けれども、天使が告げる真実の前に、静かに身をかがめて、喜びとともに感謝さえささげます。それが、マリアさんのこの言葉なのです。しかし、この「わたしは主のはしためです。お言葉どおり、この身に成りますように」という言葉を聞いて、私たちが思うことは、「どうして、こんな、神さまへの感謝と喜びにあふれる言葉を、マリアさんは言うことができたの？」ということです。こんなことが自分の身に起きて、即座《そくざ》に、私たちは、マリアさんのような返事はできない、と単純に思うからです。

また、この「神さまのお言葉どおりのことが、自分の身に成りますように」という言葉は、「自分は、自分のものではなくて、神さまのものです」という告白に受け取ることもできます。そうしますと、さらに、私たちの問いは深まります。どうして、自分が自分のものでないことが喜びなの？　感謝なの？　幸いなの？　頭の中が、「？」（クエスチョン）でいっぱいになってしまいます。

そのため、このマリアさんの物語やマリアさんの言葉を、一言で、「こんなことありえない！」と片づけてしまいたくなります。私たちは、そのように、マリアさんとは、どこまでも対極にあるように思われます。しかし、そのような「？」を持ち続けつつ、「こんなことありえない！」と切り捨ててしまわず、もう少し立ち止まって、このマリアさんの物語と言葉を考えてみましょう。きっと、ここにも、大いに私たちが学

愛の実りを信じて（マリアさん）

ぶべきものが隠れているはずです。

愛が実りますように

まず、マリアさんが使っている「はしため」という言葉について。これは、特別な用語です。この「はしため」から、私たちが「貧しい人（特に金銭的に乏しい人）」をイメージするなら、それは誤りです。正確には、これは身分制度の言葉で、「はしため」であったとしても、貧しいか、否《いな》かは一概《いちがい》には言えないのです。そのように、「はしため」は、「主」と対になる「奴隷」というのが元々の意味なのです。

そして、当時の「奴隷」は、社会的に保証された身分でした。そのため、「奴隷」がしたところの責任は、完全に「主」が負わなければならなかったのです。それは、現代人（私たち日本人）の「奴隷」という言葉のイメージとは、おそらく少なからず異なるでしょう。

だからこそ、その保証の中で、「奴隷」という身分にある人は、信頼する「主」であるならば、どんなに自らの身を労苦にさらされても、つらい目にあったとしても、

「主」のために働くことを選ぶ人さえあったのです。

そのことを踏《ふ》まえて、改めて、ここで、マリアさんの返事の言葉を考えてみますと、マリアさんは、天使の言葉を聞き、神さまの祝福の言葉を受けて、「自分が今ある場所に生きるのは、やはり神さまの選びがあるから。この出来事も、神さまの大きな愛の中にあるというのなら、その確信の中に、その祝福の中に、自分は生きてゆきたい」という気持ちを告白している言葉であることが分かってきます。

だから、「お言葉どおり、この身になりますように」、つまり、その神さまの愛が、私に実りますようにと、その幸いを積極的に受け止めたいとの告白に続くのです。このマリアさんの言葉は、受け止めがたいほどの神さまの出来事の中で告白された、大きな神さまの愛への絶対的な安心感を語る言葉なのです。

そして、このマリアさんと同じ安心感に、私たちも生きることができたなら、それは、なんとステキなことでしょう！　神さまのものとされている安心感の中で、どんな私たちであっても、神さまの愛から、もれないという恵みの中で、私たちも生きてゆけるなら、それは、なんと幸いなことでしょう！

神さまのものとされる

神さまの愛を信じて、自分に与えられるどんな労苦をも、積極的に受け止めてゆく。たとえ、つらい目にあっても、それを自分のこれからを生みだす力としてゆく。神さまを、ご主人にする（「主」とする）ということの意味が、ここにあります。私たちは、そのような神さまの愛の中でいつでも安心感をえることができるなら、この世で、本当の自由に生きることができるはずです。それは、なんと幸いなことか！

神さまの奴隷（はしため）になると聞くと、私たちはギョッとしてしまいますし、絶対に、そんなマリアさんのような返答はできないと思ってしまいます。が、聖書は、マリアさんの物語を通して、「神さまのものとされる幸い」ということを、私たちに語っているのです。

私たちは、自分自身は自分のものと考えていますし、誰しも、そう思い込んでいます。しかし、私たちは、自分自身を、自分のものだとしがみついて、首が回らなくなってしまうことはないでしょうか？　自分の欠《か》けにうんざりしながら、そんな自分が自分なのだから仕方がない、と悲しく思ったことはないでしょうか?

そんな私たちに、神さまは、マリアさんの物語を通して、次のように語りかけているのです。

「あなたは、わたしの愛の中で安心して生きることができる。わたしの恵みの中に生きることができる。そのとき、あなたが、『自分自身は自分のものだ』という思い込みから解き放たれる。人間という小さな枠《わく》を超えて、わたしの大きな愛の中で生きるときに、この世を本当に自由に生きることができる。それが、わたしを主とする生き方であり、それが、あなたにとっての幸いなのですよ」と。

時を刻んで

SAIWAI

どんなに、欲しいもので満たされても、
どんなに、わがままをきいてもらっても、
そこに愛がなかったら、キミは、幸せなんかになれない。

そこに愛があるなら、
何があっても、
何がなくても、
キミから、幸いは離れない。

初めての教室（中１のキミ）

Key Word

3　「諦《あきら》め」　エリザベトさんの物語

その子はあなたにとって喜びとなり、楽しみとなる。
多くの人もその誕生を喜ぶ。

（新約聖書　ルカによる福音書　1章14節）

「諦《あきら》め」

深い悩みと痛みを抱え

「その子はあなたにとって喜びとなり、楽しみとなる。」それだけでなく、「多くの人もその誕生を喜ぶ」と身ごもっていたエリサベトさんは、天使によって神さまの言葉が告げられました。

この言葉の意味は、「この懐妊《かいにん》（子どもを宿《やど》すこと）の出来事は、エリサベトさんだけのことではなくて、この世の多くの人、それも今の私たちにとっても、喜びの出来事になる」ということなのです。

さて、では、この言葉を神さまからいただいたエリサベトさんとは、どのような人なのでしょうか?

エリサベトさんは、先に読んだ主イエスの母マリアさんよりも早く生まれ、このマリアさんの親戚で、洗礼者ヨハネさんの母になる人です。しかし、若いマリアさんとは対照的に、もう多くの人生の経験を積んだ、長い人生の旅路を歩んできた女性です。そして、そのエリサベトさんは、どうしても越えることのできない、一つの人生の深い悩みと痛みを抱え続けてきた人でした。

その悩みの種は、「自分に子どもが与えられない」ということ。それは、「どうしてなのか。なぜなのか」という問いの前に、真剣に立ち続けてきた人でした。しかし、どんなに神さまに祈っても、その祈りに答えはなく、どんなに望んでも、その望みはかなえられることなく、これまで生きてきたのです。そうした悩みの中で、マリアさんのような若い時期を過ごし、いつしかエリサベトさんは、一般的に子どもを宿《やど》す年齢を越えてしまっていたのです。

この一つの深い闇が、エリサベトさんの人生を、すべて薄暗いものにしてしまっていたかも知れません。なぜなら、その当時、子どもができない女性は、そのことを理由に、近隣の人たちから、厳しい非難の目が向けられていたからです。悲しいことです! 当時の慣習からくる非難の言葉は、「本人の行いの報《むく》いとして、(端的

神さまの力に触れて
（エリサベトさんとマリアさん）

に言うと）行いが悪いから、子どもが与えられないのだ」というものでした。現代とは比較にならないほどの精神的な苦痛を強いられた日々もあったはずです。

諦《あきら》めをしめだして

この深い闇のような試練。しかし、エリサベトさんに与えられたこの経験が、それを知ったからこそ、実に意味ある経験であったこと、さらには、エリサベトさんの人生になくてはならない経験であったことを、のちに知らされることになるのです。

聖書では、まず、「神さまに出会うこと」によって、そして、エリサベトさんは、「自らの懐妊《かいにん》」を通して、自分に与えられてきた試練の意味を知るのです。

そのことで、人生の晩年を迎えたエリサベトさんは、諦めと失望の闇を打ち砕かれるのです。正確には、神さまによるならば、その闇も簡単に打ち砕かれるのだ、ということを知るのです。

つまり、この「神さまとの出会い」と、「自らの懐妊」を通して、エリサベトさんが知らされたことは、自分の人生に対して「諦めという態度」であってはならないということです。これは、彼女の人生観を、大きく変えるものでありました。

もちろん、誰もが、人生に諦めたくはないはずです。しかしながら、私たちは、実際に多くのことを人生の中で諦めてしまっているところがあります。勉強、友人、家族、将来、さまざまなところで、その諦めの要因はいろいろとある。上手くゆかないことや、思いどおりにゆかないことで、私たちは諦めに押しつぶされてしまっています。

そんな私たちに、エリサベトさんの物語は、「人生から諦めを取り除かれて生きることの大切さ」を語っています。

具体的に、私たちが、もし、人生への諦めの要因として、私たちの「年齢」を挙げるならば、「それは、間違っている」とはっきり言い切ることができます。確かに、私たちの年齢は、知力、体力、気力を奪うように感じられる。しかし、神さまは、私たちに若いときには与えられない、経験による「人の知恵」を備えてくださるのです。さらに、聖書は、「神さまの知恵」という、私たちの若い日の知力、体力、気力とを凌《しの》いであまりある力を私たちに与える、と語っているのです。

言い訳をやめる

聖書は、年齢こそ、私たちの障壁《しょうへき》になるのではなく、私たちの防壁《ぼうへき》として、積極的に生きることができるということを告げているのです。年齢が、私たちの失望の種となるのではなく、最高の武器として、人生に用いてゆくことができるというのです。

それを、エリサベトさんは、人生の中で知らされるのです。つまり、エリサベトさんには、どうしても越えることのできない、一つの人生の深い悩みと痛みがありました。が、その経験のゆえに、大事なことがエリサベトさんに、はっきりと示されたのです。それは、エリサベトさんにとっての喜びとなり、楽しみとなったことでしょう。主イエスの母のマリアさんと似ている「懐妊《かいにん》の物語」ですが、また、異なるメッセージが、ここにあります。

聖書は語るのです。

「それは、エリサベトさんだけの喜び、楽しみというのではありません。そうではなく、この世のすべての人、今の私たちにも、喜びを指し示す出来事になるのですよ」と。

私たちが、自分の人生に対して、「諦《あきら》めという態度」で向かうのか、「神さまとの出会い」によって、人生から諦めを排除されて生きるのかは、大きな違いです。もし、私たちの人生観が、諦めに支配されているなら、このエリサベトさんの物語によって、その人生観から自由にされたいと思うのです。

人生の後半にさしかかったエリサベトさんが、自らの諦めと失望の闇を打ち砕かれたように、神さまによるならば、そんなものはいとも簡単に打ち砕かれるからです。そして、諦めの要因を見いだす人生ではなくて、反対に、希望の要因を見いだす、そんな人生を生きる私たちでありたいものです。

ローファー

AKIRAME

諦《あきら》めることに慣れちゃうなんて、寂しすぎる。
何事も、する前に諦めるなんて、悲しすぎる。

10個のできない理由を探すより、
1個でいいから、できる方法を探そう。

キミは、諦める前にできることがある。
だって、諦めちゃったら終わりだもん。

バスシェルターで待つ（中1のキミ）

Key Word

4 ―「笑顔」

サラさんの物語

SARAH

サラは言った。

「神はわたしに笑いをお与えになった。

聞く者は皆、わたしと笑い（イサク）を共にしてくれるでしょう。」

（旧約聖書　創世記　21章6節）

「笑顔」

積み重なる祝福

これまで、新約聖書の登場人物でしたが、次いで、旧約聖書のサラさんの物語を読み進めます。先の新約聖書の登場人物二人とともに「懐妊《かいにん》つながり」です。が、ここにも新しく見えてくるものがあります。

サラさんは、アブラハムさんと結婚をした人です。このアブラハムさんといえば、「信仰の父」と呼ばれ、カルデア地方のウルに住んでいたのですが、神さまの言葉を受けて、神さまの示す地に向かって旅立った人です。

アブラハムさん、七十五歳。神さまは、「あなたは、今ある場所ではなく、わたしが示すカナンの地で生きるために、その命をこの世に受けた」と、そのアブラハムさんに語られるのです。

アブラハムさんは、（なんと！）その神さまが示される道に生き始めるのです。住み慣れた土地を離れることは、それだけでつらいこと。それに、（年齢を理由にしてはならないと先に学んだばかりですが）普通に考えて、年齢的にも、これから新しい地で生活することは、決して楽なことではなかったはず。しかし、それでも、アブラハムさんは神さまを信じて、歩みを進めるのです。

そのとき、サラさんも、もう六十五歳でした。アブラハムさんと結婚していたサラさんも、まったく同じ条件の出発でした。やはり、想像どおり、その道中も、カナン到着後も、二人は苦労するのです。

とくに、サラさんの苦労は並大抵ではありませんでした。カナン地方が飢饉《ききん》のため、アブラハムさん一族がエジプトに下ったときのことです。そこで、サラさんは、夫のアブラハムさんによって、エジプトの王ファラオに献上《けんじょう》されてしまうのです。ヒドい話です！　夫のアブラハムさんは、サラさんと自分が結婚していることが知られたら、自分が殺されると考えたのです。それほどに、そのようにしてでも奪いたくなるほどに、サラさんは「美しかった」と聖書には書かれています。

いつか笑顔になる
（アブラハムさんとサラさん）

そこで、アブラハムさんは「サラはわたしの妹だ」と言って、エジプト王に妻を献上《けんじょう》するのです。

しかし、のちに、妻であることが分かってしまうのです。が、エジプト王は、聖書の神さまの災《わざわ》いが自分に降りかかるのを恐れて、二人を釈放してくれました。まったく事無きをえました。これ以上の幸いはなかったはずです。それだけでも、神さまの祝福を覚えることのできる物語です。しかし、それも、この二人に与えられた神さまの祝福の氷山《ひょうざん》の一角。このようなことが、いくつも積み重なって歩んでゆくのが、アブラハムさんとサラさんの家族でした。

あざけりの笑いに生きる

この二人に、もっとも大きな喜びが用意されていました。

実に、二人には、子がなかったのです。そのことで、引け目も、悲しみも、苦しみも感じていたサラさん。そのサラさんが九十歳、アブラハムさんが百歳のときに、次の神さまの言葉が与えられるのです。

「あなたがたに、新しい命が与えられる」と。ありえないようなうれしい知らせ。もちろん、二人は、子を願っていました。しかし、年月を経て、もう諦《あきら》めのほうが大きかったことも確かです。

何と言っても、サラさんは九十歳。アブラハムさんも百歳ですから。そのような、新しい命を与えられるという神さまの言葉を聞いたとき、サラさんは、天幕《てんまく》の外で、ひそかに笑ってしまうのです。自分は年を取っているし、もう主人も年老いているからです。これは、時代こそ違いますが、先のエリサベトさんの問題でもありました。が、エリサベトさんと異なるのは、さらに、その笑いは、あざけりに満ちた笑い、「それは無理なことだという嘲笑《ちょうしょう》」だったのです。そして、それはサラさんだけではなかった。夫のアブラハムさんも、同じように笑ったのです。

神さまは、アブラハムさんに直接に言います。

「なぜ、サラは笑ったのか。なぜ、自分に子どもが生まれるはずがないと思ったのか」と。それは、サラさんだけでなく、アブラハムさんにも言われている、神さまからの同じ問いです。二人は同じように、「やはり、いくら神さまでも無理なことは無理だ」と笑ったからです。

そして、私たちをも、同じ問いの前に引き出すのです。

「あなたは、神さまの可能性を疑うのですか。あなたの望みを、どうして無理なことだと諦《あきら》めてしまうのですか。願いがかなったら喜ぶべきことを、どうしてあざけって笑うのですか」と。

涙が笑顔に変わる日

聖書では、そのサラさんとアブラハムさんの笑いを打ち破って、神さまの約束が果たされます。

その翌年、二人に、約束どおりに男の子が与えられました。それも、神さまは、その子を「イサク」と名づけなさいというのです。その「イサク」という名前の意味は、「笑い」です。実に面白い！　そして、ここにも、神さまから、サラさんとアブラハムさんへの深いメッセージが込められています。

一つは、私たちの神さまへの嘲笑《ちょうしょう》は、打ち破られるということです。これは、エリサベトさんにも与えられた、慰《なぐさ》めの言葉です。さらに、このサラさんとアブラハムさんは、神さまをバカにした笑いも、神さまへの感謝の笑いに変えられるという恵みを知らされます。これこそ、簡単なことではありません！　言い換えれば、この世の悲しみの涙も、神さまへの感謝の喜びの涙に取って代わる。それどころか、バカにした笑いさえも、本当の、こころからの感謝の笑顔に神さまは変えてくださいます。これが神さまの愛であり、自分の人生に、この愛がぎっしり詰め込まれていることを、サラさんは知らされるのです。

そして、このサラさんに与えられた神さまの約束は、私たちへの神さまの約束でもあります。私たちも、この聖書の希望を持って、生きてゆきたい。新しい命の産声《うぶごえ》を聞く前に、「そんなことは無理だ」といって、あざけりの笑いに生きているのはもったいないことです。嘲笑さえも、喜びの笑顔へと変えてくださる方の愛の中で、その確信の中に生かされてゆきたいものです。

バック

プールに腰かけ（中１のキミ）

EGAO

今、キミが流している涙が枯れ果てたとき、
いつか、キミは笑顔を取り戻す。

……そんなことじゃないんだ。

今、キミが流している涙も、
キミのあざけりの笑いさえも、
すべてを神さまが受け取ってくださるんだ。

……そして、キミが、こころからの笑顔に戻れるようにしてくださるんだ。

Key Word 5 ―「戦い」

ファラオの娘の物語

その子が大きくなると、**王女**のもとへ連れて行った。その子はこうして、
王女の**子**となった。王女は彼をモーセと名付けて言った。
「水の中からわたしが**引き上げた**（マーシャー）のですから。」

（旧約聖書　出エジプト記　2章10節）

「戦い」

父の言葉に背《そむ》いて

モーセさんという旧約聖書の中で、とても有名な人がおります。聖書に登場する人物の中で、一般的にも、もっとも知名度のある人です。

このモーセさんが、エジプトという国に生まれたとき、エジプト国内にいるイスラエルの民の数が多くなり過ぎたことに恐れを覚え、エジプト王ファラオは、イスラエルの民を根絶する勅令《ちょくれい》を出しました。エジプト国民に、イスラエルの男子が生まれたらナイル河に投げ込むように、家族の手でもって殺害するように命じたのです。生まれたばかりのモーセさんは、その状況下に生まれるのです。

このとき、モーセさんは、風が吹けば、すぐにでも消えてしまうほどの灯火《ともしび》のような命でした。勅令《ちょくれい》に従うことは、モーセさんだけでなく、両親にとっても、悲しくつらいことです。何とか助けるために、モーセさんの母親は、深い悲しみを背負いながら、ナイル川に幼子《おさなご》のモーセさんを葦《あし》のカゴの中にこっそり隠したのです。

そのナイル川に、ちょうど、ときを同じくして、エジプト王であるファラオの娘（王女）が水浴びをしに来るのです。

水面《みなも》に揺れる葦のカゴの中に幼子を見つけ、ファラオの侍女に開けさせると、生まれたばかりのモーセさんが泣いています。自分の父であるファラオの勅令の言葉は、イスラエルの子を殺害すること。それを知らないはずがありません。

しかし、ファラオの娘は、ナイル川に浮かぶ葦のカゴの中で泣いている幼子を、見過ごしにすることはできなかったのです。できなかったばかりでなく、その幼子を不憫《ふびん》に思い、かわいそうに思い、その子を助け、育てることにするのです。これは、簡単なことではない。父親が国民に出した勅令の言葉に背《そむ》く選択を、王女である娘が行うのですから。

愛を選択する（ファラオの娘）

愛の戦いを戦い抜く

まさに、エジプト王ファラオの娘がモーセさんを川から引き上げたときに、この娘はその幼子《おさなご》を抱き上げて言うのです。「水の中からわたしが引き上げた（マーシャー）。だから、モーセと名づけよう！」と。それから、成人するまで、実の子として、本当の王室の教育をモーセさんに施《ほどこ》す。乳母《うば》としての母親の愛とともに、このファラオの娘から受けた愛が、モーセさんの成長の核になるような、大きなかかわりがあったということは、おそらく間違いなかったはずです。

さらに、モーセさんを教育した、この娘が、エジプト王女、ファラオの娘であったということも、モーセさんのその後の生き方や考え方に、大きな影響を与えたことでしょう。

その王女には、民族や人種という区分で分《わ》け隔《へだ》てることのない愛がありました。だから、エジプト王女でありながらイスラエルの民の子を養ったのです。また、隣人の労苦をすべて背負う愛がありました。だから、見ず知らずの幼子のモーセさんを育てたのです。そして、そうした、自分にはほとんどプラスにならないどころか、マイナスとしか言えないような戦いを戦い抜く愛がありました。

もし、モーセさんの救済《きゅうさい》と養育という王女の行為が、父であるファラオに知れてしまっていたら、それが実の娘であったとしても、相当の罰《ばつ》を受けなければならなかったでしょう。また、その覚悟がなければ、その愛に生きることはできません。この時代、王の権力の前で、王女の地位など微々《びび》たるもの。そのような時代下の物語です。

モーセさんが成人になるまで、その愛に、ファラオの娘であるエジプト王女は生きたのです。この愛を一心に受けたのが、受け続けたのが、モーセさんでした。

王女は、この川から「引き上げた」幼子を名づけるのに、面白い名づけ方をしています。この「引き上げた」という言葉が、ヘブライ語で「マーシャー」ということから、その言葉に由来して、語感を似せて、「モーセ」と名づけました。そして、そのように名づけられたモーセさんは、そののち、捕囚《ほしゅう》の民、囚《とら》われの民イスラエルをエジプトから、本当に「引き上げる」者となるのです。実に、神さまの大きな業《わざ》は、この「モーセ」という名前にも秘められているのです。

神さまがお喜びくださる

奴隷の扱いをエジプトから受けていたイスラエルの民を、その過酷な状況の中から引き上げる者、解放する者へと、モーセさんは成長します。つまり、引き上げられた愛を知る者（モーセさん）が、まさに隣人を引き上げる者と成長してゆく物語が続いてゆく。

そのモーセさんが成人するまで愛を注ぎ続けたのが、ファラオの娘エジプト王女であり、その愛が、神さまに用いられて、用いられ続けて、モーセさんは成長してゆく。そのファラオの娘の愛に、私たちも学ぶことができます。

ここには、分《わ》け隔《へだ》てのない愛があります。労苦を背負う愛があります。そして、戦い抜く愛があります。この愛は、なんとステキな愛でしょう！　これこそ、神さまの愛といってもよいものではないでしょうか。

私たちは、このような愛から随分《ずいぶん》遠いところに生きています。好き嫌いばかりの愛に生きている。そんな私たちがいます。自分が損《そん》しないだけの愛を選ぶ。そんな私たちがいます。愛という理由があっても、なるべく戦いたくない。戦うくらいなら、周りに合わせて愛を放棄《ほうき》したい。そんな私たちがいます。

その私たちに、エジプトの王女の物語は、新しい愛を示します。

その新しい愛に、私たちも、生きてゆきたい。それは、モーセさんを成長させた愛です。ファラオの娘のように、分け隔てなく、労苦を喜んで負い、愛のために戦い抜くような歩みを、私たちの人生の中で実現してゆきたい。

ここに、神さまがお喜びくださる愛があります。神さまが、大いに用いてくださる愛があります。私たちの愛は貧しいものですが、この新しい愛に、私たちも生きてゆきたい。喜んでこの愛を選びたいと思うのです。

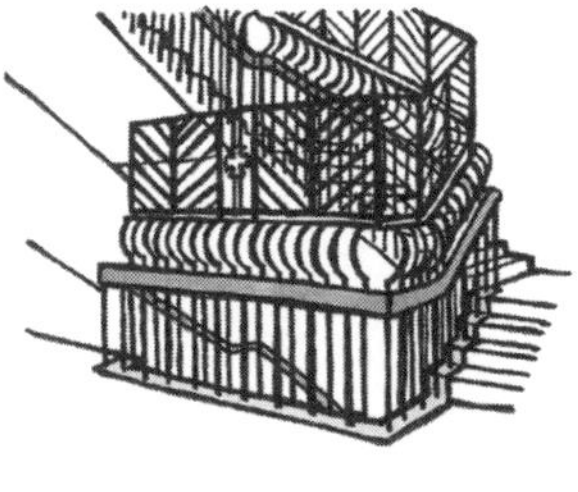

階段の手すり

TATAKAI

好き嫌いでなく、
分《わ》け隔《へだ》てのない、
そんな愛のために。
損《そん》しないぐらいの愛でなく、
労苦を一緒に背負う、
そんな愛のために。

……喜んで戦い抜ける、そんなキミであってほしい。

隣りの机の友達（中２のキミ）

Key Word 6 ―「勇気」

ラハブさんの物語

信仰によって、娼婦ラハブは、様子を探りに来た者たちを穏やかに迎え入れたために、**不従順な者たち**と一緒に殺されなくて済みました。

（新約聖書　ヘブライ人への手紙　11章31節）

「勇気」

遊女の家が選ばれる

ラハブさんは、「遊女」でした。そして、イスラエルの民ではありませんでした。その点では、先に登場したエジプト王の娘と同じです。

それにもかかわらず、彼女は、神さまの恵みをえて、信仰によって生きた者として、その彼女の信仰に学ぶようにと言われている、そのような女性の一人なのです。しかし、信仰によって生きたということ、神さまへの深い信仰を持っているということと、「遊女」や「娼婦」という言葉とに、どうしても、私たちは違和感と隔《へだ》たりを覚えるはずです。

しかし、そのラハブさんが信仰によってなしたことは、本当に大きな業《わざ》でした。

それは、イスラエルの民が、約束の地カナンに侵入する契機《けいき》（大事なきっかけ）となりました。神さまが、イスラエルの民をエジプトから、モーセを通して、「引き上げて」くださいましたが、すぐに約束の地に入ることはできず、四十年が経ちました。古い指導者であるモーセさんの時代が過ぎ、新しい指導者ヨシュアさんの時代が来て、カナン侵攻《しんこう》の前哨戦《ぜんしょうせん》（全面対決の前の戦い）として、エリコという町へ攻め込もうと企てた。そこで、町の情報を調べるために、イスラエルは自国のスパイを、エリコに忍び込ませたのです。

そこで、なるべくひそかに身を隠す場として、遊女であるラハブさんの家を、イスラエルのスパイは選んだのです。

エリコの王は、イスラエルのスパイの影をラハブさんの家に見て、ラハブさんに使いを出し、尋ねました。「お前のところに来ている者は、敵国イスラエルの者だから、今すぐ引き渡せ」と。

普通ならば、ラハブさんは、民族的には敵国であるイスラエルのスパイを差し出すでしょう。ですが、ラハブさんは、「わたしは知らない。それに、宿泊者は、すでに出て行った」と答えたのです。

罪人こそが招かれる

そのような対応は、遊女のラハブさんにとっては、敵国のスパイを匿《かくま》った（こっそり隠した）ことになってしまいます。重罪に値します。

しかし、彼女は、そのことを知らず知らずにではなく、知ったうえで、そのように答えたのです。

この業《わざ》は、「小さな一言」でした。が、このことが契機となって、イスラエルのスパイは生き延び、敵国エリコの情報をえ、さらにはエリコを陥落させることへとつながっていったのです。そして、その際に、ラハブさんとその家族だけは命を助けていただくのです。これは、一歩間違えば、逆に、ラハブさんも家族も犠牲になっていたことです。

そうして、遊女であるラハブさんは、命をかけて二人のイスラエルのスパイを助けたのです。しかし、どうしてこんなことをしたのか？　もしくは、できたのか？　考えてみれば不思議なことです。

この不思議な行為について、聖書は、「ラハブさんは、カナンの者、つまりは、異《い》邦人《ほうじん》であって、聖書の神さまを知らないはずであったのにもかかわらず、ひそかに、聖書の神さまを求め、聖書の神さまこそ、まことの神さまと信じていたからだ」と説明しています。ラハブさん自身、イスラエルのスパイに、次のようにはっきり語ります。

「あなたたちの神、主こそ、上は天、下は地に至るまで神であられる」と。これこそ、聖書の神さまへの信仰の告白です。どうして偶像《ぐうぞう》を崇拝《すうはい》し、聖書の神さまを信じないカナンにおいて、ラハブさんが、このように聖書の神さまを信じるようになったか。そのいきさつは、聖書には記されていません。

しかし、私は、分かるような気がするのです。そのヒントは、わざわざラハブさんの肩書を、「遊女」と、聖書にはっきり書いていることです。これが、私たちの違和感でもありましたが、ここに意味があると思うのです。

なぜなら、聖書の神さまこそ、これまでの行いがどんなに悪くても信じるこころがあればよい（悔《く》い改《あらた》めればよい）と言ってくださる神さまだからです。罪人を裁くのではなく、むしろ招く神さまだからです。その罪人である私たちの身代わりとなって、十字架についてくださり、そうして、神さまの裁きを、すべて負ってくださっ

神さまの訪れ（ラハブさん）

たのが、主イエス・キリストなのです。

大きな一言にされて

もちろん、「遊女」や「娼婦」は今も昔も、いかなる理由があっても、なかなか周囲から受け入れられず、うとまれ、遠ざけられる職業でしょう。しかし、神さまは、私たちを、この世の秤《はかり》ではかることをしないばかりでなく、罪人をこそ招いてくださるのです。

神さまは、どのような私たちであっても、ご自身の恵みの中に、新しく生かしてくださる。ラハブさんは、その神さまを知り、その神さまに出会い、その日、その神さまを信じる民が自分の家に来たのです。

ラハブさんは、それからの人生を、この神さまにかけたのです。ここにも、神さまの計画があると信じたのです。神さまの計画の中に、もう自分が置かれていることに感謝せずにはおれなかった。そうして、選び取ったラハブさんの業《わざ》は、「小さな一言」に過ぎませんでした。しかし、神さまが、イスラエルの民全体にかかわる業として大きく用いてくださった。「大きな一言」にしてくださったのです。

そのラハブさんは、（驚くことに！）さらに、主イエスがお生まれになるダビデの家系に属するのです（イスラエルの民でないにもかかわらず！）。

聖書は、イスラエルの民でない「遊女」ラハブさんを、遊女であるにもかかわらず、いいえ、「遊女」であるからこそ、神さまの恵みをえ、信仰によって生きた者として挙げるのです。この生き方に、私たちも招かれています。

この「ラハブ」という名前ですが、元々の意味は、「太い」です。だから、ラハブさんはかなり太めの人だった？　それは分かりませんが、ただ一つ大事なことは、彼女の信仰は、その名前のとおり、「ラハブ」であったということ。太くて、大胆で、勇気にあふれるものでした。私たちも、そのように信仰において、「ラハブ」、太く、大胆に、勇気にあふれるものでありたい。

礼拝堂

YUUKI

この世界の中で、キミは小さな存在に過ぎない。
そのキミの一言もまた、ほんとに小さな声に過ぎない。

でも、そのキミという存在が、神さまに愛されていて、
そのキミの小さな一言こそが用いられるとしたら……

キミは、小さくなんかないんだよ。
キミの一言こそが、この世界に必要なんだよ。

かけっこ（中2のキミ）

Key Word

7 ―「情熱」

マグダラのマリアさんの物語 Ⅰ

すぐその後、イエスは**神の国**を宣べ伝え、その福音を告げ知らせながら、町や村を巡って旅を続けられた。十二人も一緒だった。悪霊《あくれい》を追い出して病気をいやしていただいた何人かの婦人たち、すなわち、七つの悪霊を追い出していただいたマグダラの女と呼ばれるマリア、ヘロデの家令クザの妻ヨハナ、それにスサンナ、そのほか多くの婦人たちも一緒であった。彼女たちは、自分の持ち物を出し合って、一行に**奉仕**していた。

（新約聖書　ルカによる福音書　8章1―3節）

「情熱」

見失ってしまった喜び

マグダラのマリアさんの物語を、二回連続で読みます。

彼女は、復活の主イエスに一番初めに会った人でした。しかし、それにしては、彼女の素性《すじょう》は、聖書を読んだのでは、ほとんど分かりません。主イエスの母マリアさんもそうでした。聖書によれば、彼女は、主イエスに出会い、それ以来、弟子の筆頭《ひっとう》であるペトロさんのように、主イエスから片時も離れずにいた人です。そんな彼女のことを知るために、わずかに描かれている聖書の一節一節をたどってゆきます。

まず彼女は、「マグダラの女」とか、「マグダラのマリア」と呼ばれていました。マグダラとは、ガリラヤ湖の西の港町で、主イエスの故郷ナザレからほんの二十キロ。で、イスラエルの地域では同じ地区に区分された場所でした。その彼女は、かつては、「七つの悪霊《あくれい》」を宿《やど》していたと言います。この「七つの悪霊」とは、何か?

大胆に言い換えますと、自分の思いどおりにゆかない、「七つの労苦があった」とも言えます。彼女は、人知れず、七つの悲しみを背負っていた。その悲しみ、その痛みは、悪霊の仕業としか表現できないような、それほどの苦しみの中に、彼女は日々暮らしてきたということです。それは、友人との交わりの中でも、癒《い》やされない。家族団欒《だんらん》の温かさの中でも、溶かすことのできないものだったのです。

悪霊というのですから、彼女が、どんなにプラスに生きようとしても、それをマイナスに引っぱり込もうとして、猛威をふるうのです。どんなに喜びに生きようとしても、彼女の過去や、罪を理由にして、彼女を暗い闇の中に閉じ込めようとするのです。この自分では、人間では、どうしようもできない、そんな闇の中で、そうしたプラスに生きえない、喜びに生きえない、七つの悪霊が彼女に住み着いていたのです。

命の水をいただいて（マグダラのマリアさん）

自分や周囲を恨んでしまう

もし、このマグダラのマリアさんの物語が、私たちの物語であったら、どうでしょう？

彼女は、七つの悪霊《あくれい》、七つの労苦、七つの悲しみの中で、どうしても、プラスに生きえない。喜びに生きえない。その労苦が、その悲しみが、牢獄《ろうごく》のように、彼女を縛り上げるのです。私たちにとって、それは、幼い日に犯した過ちや、自分の生まれた境遇が、ひそかなコンプレックスが、そうなることもある。人を深く傷つけた悲しい経験のために、眠れない夜を過ごすことだってあるかも知れない。

そのために、私たちは、自分を責めてしまったり、ひどく後悔したりもします。「どうして、そんなことを言ってしまったのか。どうして、自分は、そんなことをしてしまったのか。ダメな自分だ」と。いや、反対に、隣人を責めるかも知れません。「あの人の態度が悪い」と友人や学校を責めたり、「親が悪い」と家族を責めたり。

さらに、根深ければ、自らの人生や運命を呪《のろ》うという人もあるかも知れない。しかし、それが、私たちをプラスに向かわせるかといえば、それが、私たちを喜びに満たすかといえば、まったく逆であります。

そこで、マグダラのマリアさんが求めたものは、主イエス・キリストの愛だったのです。先にも言いましたように、彼女の故郷であるマグダラは、主イエスの故郷ナザレと、目と鼻の先でした。

同じように、悪霊に苦しむ者たちに主イエスが愛を注ぎ、愛によって悩みと苦しみを癒《い》やしていることを、同じ悲しみを負うマリアさんが知らないはずはありません。それどころか、積極的に、「本当に、自分が求めてやまなかったものは、この人だ」と、「真実の愛は、ここにある」との確信さえ抱いて救いを求めたことでしょう。そうして、主イエスの愛によって、自らの悲しみと、労苦を、七つの悪霊をマグダラのマリアさんは癒やしていただくのです。

情熱を注ぎつくして

主イエスに「出会う」のです（この「出会い」については、次のKey Word 8

で、深く考えます）。この主イエスとの出会いから、彼女の人生は変わりました。主イエスの愛に直接触れ、主イエスの言葉に生かされ、神さまの光の中で、その光に照らされて人生を歩みだす。つまり、彼女は、主イエスのもっとも近くに生き、主イエスとともに生き始める。文字どおり、自らのすべてをささげて、財産も、故郷も、すべてささげて、主イエスの十二人の弟子たちと同じように、主イエスと一緒の歩みを始めるのです。

いいえ、聖書を読めば、弟子たち以上に、主イエスの近くにマグダラのマリアさんはいた、とさえ言えます。

それほどにひたむきに、それほどにひたすらに、それほどにまっすぐに、彼女は情熱を注いで、主イエスに従って行くのです。どこまでも、神さまの愛に信頼する生き方です。彼女は、「主イエスの言葉を一言も聞き逃したくない。主イエスの愛を一滴《いってき》もこぼしたくない」という思いを、包み隠さずそのままに生きたのです。

確かに、マグダラのマリアさんは、主イエスに七つの悪霊《あくれい》を追い出していただき、癒《い》やしていただいたのです。しかし、その闇を癒やしていただいただけでなく、彼女は、その癒やしていただいた自身のすべてを、生涯をかけてもよいと思えるほどの愛が、この世にあることを知ったのです。そのような主イエスと「出会った」のです。そして、この物語は、そのマリアさんが委《ゆだ》ねた愛を、私たちも見いだしたらよい、と語っているのです。

　彼女のひたむきさを称して、マグダラのマリアさんは、「情熱的衝動的な人」と言われ、一説によれば、主イエスが天に昇られたあと、彼女はただ独り、ローマに行き、皇帝に謁見《えっけん》を求めたと言われます。それも、ピラトによる主イエスの裁判の誤りを訴えるために行った、と。これが、真実か、伝説かは分かりません。が、むしろ、そのようなひたむきさを印象づけるほどの愛が彼女にあった、その事実を伝えたかったのではないか、と私には思えてなりません。

石碑

JYOUNETSU

主イエスの愛を、一滴《いってき》もこぼさないように受け取ることができたなら……

そのために、ひたむきに！
そのために、ひたすらに！
そのために、まっすぐに！

キミのすべてをかけても、あまりあるほどの愛を、主イエスはお持ちだから。

ボールが舞う（中２のキミ）

Key Word 8

「出会い」

マグダラのマリアさんの物語 II

イエスが、「マリア」と言われると、彼女は振り向いて、
ヘブライ語で、「ラボニ」と言った。「先生」という意味である。

（新約聖書　ヨハネによる福音書　20章16節）

「出会い」

人生最大の試練

マグダラのマリアさんの人生は、主イエスに出会い、七つの悪霊《あくれい》から解き放たれることで、一八〇度変わりました。それから、主イエスの愛に直接触れ、主イエスの言葉に生かされ、神さまの光の中を、その光に照らされた人生を歩み出すのです。

しかし、その中でも試練は与えられます。それも、もっとも近くで仕えてきた主イエスが、国レベルで、もっとも大きな罪を犯した犯罪人として、十字架刑に処せられるというものでした。マリアさんは知っています。主イエスに何一つ罪がないこと。それどころか、主イエスの愛にどれほど多くの人が勇気づけられたか。悲しみで覆われてしまった人生を引きずるように主イエスを訪れ、どれほど多くの人がその悲しみをぬぐわれたか。

マリアさんも、その主イエスのまことの愛に触れた、多くの人々の中の一人であったから。その主イエスとの死別の悲しみは、はかり知れないほどに深かったはずです。受け入れがたい。いや、受け入れたくない。信じられない。いや、信じたくない。この、こころの葛藤《かっとう》が、マリアさんに与えられた、大きな試練でした。しかし、この悲しみを、この試練を、何とかしてでも受け入れるために、マリアさんは、主イエスの葬《ほうむ》られた墓へと足を向けるのです。

主イエスの墓のすぐそばまで来た、マリアさん。立ちつくす、マリアさんのまぶたに涙があふれます。涙あふれては、こらえ切れず、その涙がボタボタ地面に落ちます。涙であふれた瞳《ひとみ》で、ぼんやり墓の中をのぞき見ると、天使がマリアさんに語るのです。「婦人よ。なぜ泣くのか」と。マリアさんは、しゃくりあげる肩を抑えながら、震える声で、「わたしの主となってくださった方がおりません。どこにおられるのか、分からないのです」と言います。

ふり返ったとき（マグダラのマリアさん）

名前を呼ばれて

悲しみに暮れて、マリアさんが墓を訪れてみると、そこは無残にも荒らされていたのです。正確には、そのようにマリアさんには思えたのです。主イエスの体が、その墓の中になかったからです。

後ろに、人の立っている気配を感じつつ、マリアさんは後ろをふり返ります。直視などできません。そこでマリアさんが言う、「わたしの主となってくださった方がおりません。どこにおられるのか、分からないのです」との言葉は、「もう、どうしてよいのか。何をしたらよいのか。何もかも分からない」ということです。もう、頼るところ、もたれるところがないのです。人生最大の試練の中で、何をどうしたらよいのか、その答えを与えてくださった、主イエスがいらっしゃらないのです。きっと、七つの悪霊《あくれい》に支配されていた、あのいまわしい過去に引き戻された思いであったでしょう。

また、主イエスに出会う前の、七つの悪霊を宿《やど》していたときの、不安、痛み、悲しみへの恐怖にこころが支配されたに違いありません。そのマリアさんに、その後ろに立っている人が、「なぜ、泣くのか。だれを、捜しているのか」と語りかけます。マリアさんは、その人を園丁《えんてい》だと思い、顔は墓の方に向けて願います。「あなたが主イエスを運び去ったのでしたら、どこに置いたのか教えてください。わたしが、引き取ります。だから、どうか教えてください」と。

そのマリアさんの言葉を遮《さえぎ》るように、その後ろに立つ人は、「マリア!」と呼びかけます。その自分の名前を呼ばれたときに、その声は、主イエスであることに気づいて、ハッとします。いつも、いつも呼んでいただいていた親しい声だったからです。マリアさんは、ふり向くが早いか、「ラボニ!」と応答する。「先生」という意味で、いつも、そう呼んでいたのです。変わらない声と、変わらない言葉で、もっとも近く、甦《よみがえ》りの主イエスは、マリアさんのそばで、それも後方にいてくださったのです。

繰り返し出会う

いつから、主イエスは、そこにいてくださったのか? この墓にマリアさんが来たときからでしょうか？　主イエスと出会ったときからでしょうか？

　聖書は記します。「あなたの命が、お母さんのお腹の中で誕生した、そのときから！」と。そのように、神さまの愛は、私たちの思いをはるかに超えています。実際に、このマリアさんに注がれた神さまの愛も、そうでした。この墓で涙に暮れるときも、この墓にトボトボと歩いてきたときも、情熱をもって神さまに仕えた日も、七つの悪霊《あくれい》を追い出してもらったときも、悪霊を宿《やど》していたときも、いいえ、幼き日も、生まれたときも、さらに、その前も……なのです。

　この物語のマリアさんが、主イエスによって示されていること、試練を通して知らされていることも、そのことです。私たちも、人生の途上で、それぞれのかたちで主イエスに出会います。そして、少なからず人生は変わります。その主イエスの愛に直接触れ、主イエスの言葉に生かされ、神さまの光の中を、その光に照らされて、人生を歩み出す。しかし、試練はある。主イエスに出会う前同様に、そののちも試練はあるのです。

　しかし、私たちの目に涙があふれて見えなくなるときも、「もう、どうしてよいのか。何をしたらよいのか、何もかも分からない」。そのときも、すぐ後ろに主イエスはいてくださる。その私たちの悲しみをつぶさに知っていてくださり、もう一度、主イエスの愛に直接触れ、主イエスの言葉に生かされ、神さまの光の中を、その光に照らされて人生を歩みださせてくださるのです。

それを、私たちは繰り返して、繰り返して、この世を生き抜くのです。私たちは強くはないのです。だから、神さまに、後《うし》ろ盾《だて》になっていただいて、ときに名前を呼んでいただいて、私たちは強められて生きてゆけばよいのです。

苦しみや悲しみの種をこそ、神さまの愛の中で、宝に変えていただきましょう。そのために、繰り返し、繰り返し、神さまに出会い、そのことを通して、私たちも、マグダラのマリアさんのように、神さまに強められて、この世を生きてゆきましょう。

ガーデンの像

DEAI

キミの瞳《ひとみ》に涙があふれて、
　もう前が見えなくなる日が来たなら。
静かに、静かに、静かにして、
　耳をすましてごらん。

神さまが、
　キミの名前を呼ぶ声が聞こえてくるから。
キミが、涙をぬぐって、
　また歩み出すために。

何度でも、何度でも、何度でも、
神さまはキミと出会ってくださるから。

悲しみを分け合う（中２のキミ）

Key Word 9 ―「回復」

マルタさんの物語 Ⅰ

主はお答えになった。「マルタ、マルタ、あなたは**多くのこと**に思い悩み、心を乱している。しかし、必要なことは**ただ一つだけ**である。マリアは良い方を選んだ。それを取り上げてはならない。」

（新約聖書　ルカによる福音書　10章41―42節）

「回復」

躍《おど》りだしたいほど

マグダラのマリアさんと同じように、マルタさんの物語を、これから二回連続して読んでゆきます。

このマルタさんは、マリアさんという妹と、ラザロさんという兄弟がおります。いつものようにこの家を訪ねる主イエスを迎えるために、姉のマルタさんはこころを砕いて働きました。マルタさんは、自分の家を訪れてくださる、主イエスの信頼に応えるために、また、愛する主イエスのために、できるだけの備えをしたかったのです。

主イエスが休まれる場所を掃除し、整えました。「喉《のど》が渇いている弟子に水を。お腹を減らしている弟子には食事を」と、マルタさんは、その準備に勤《いそ》しみました。マルタさんにしてみたら、こころウキウキするあまり、躍《おど》りだしたいほどの感謝と喜びの中で、主イエスを迎えるために家の中を右に左に、上に下にと喜んで働いていたのです。そこに、主イエスと弟子たちが来てくださいました。

すると、妹のマリアさんは、主イエスが訪れるや否《いな》や、それまで一緒に働いていたのに、自分のもとから離れ、主イエスのもとに行ってしまったのです。どうも、主イエスと話しているようなのです。

驚いたマルタさん。ですが、そのうち戻ってくるだろう、給仕を手伝ってくれるだろうと思いましたが、当のマリアさんは、待てども待てども戻ってこない。主イエスの足元にひざまずいて、いっこうに手伝いに戻らないのです。そのマリアさんを見ながら、それまで喜んでやっていたマルタさんのこころに、うっすら不満の雲がかかり始めるのです。

こころ乱れる（マルタさん）

不満がフツフツと

主イエスを迎え、躍《おど》りだしたいほどの感謝と喜びに満たされていたのに。妹のマリアさんへの不満がフツフツとわき、時が経つにつれ、マルタさんは、自分で自分を抑えられなくなるのです。

マルタさんは、「どうして、妹のマリアはわたしを手伝わないのか」、そう思えば思うほど、不満が募《つの》る。さらには、自分の感謝の対象であり、喜びの源であった主イエスまでも、不満の対象となる。「主イエスも、主イエスだ。自分が、こんなに頑張っているのに」と。

自分のことでいっぱいいっぱいになってしまっている、マルタさんには、「実際に何の働きもしてない。目に見える働きがまったくない」と、マリアさんの姿が映ったのです。一方で、自分は、隣人のために働き、神さまの愛の実践に生きている。そのうえ、今必要なことは給仕をすることだと思えたのです。マルタさんは、もう我慢ができず、その勢いで怒りをぶつけました。

「主イエスよ。わたしの妹マリアは、わたしにだけお客のもてなしをさせていますが、おかしいじゃありませんか。マリアにも、わたしを手伝うように言ってください。」

マリアもマリアですが、主イエスも主イエスですよ。

その言葉は、主イエスに対しても批判的です。マリアさんには、さらに攻撃的です。そのマルタさんに、主イエスはお答えになる。

「マルタ！　マルタ！　あなたは、多くのことに思い悩み、こころが乱れてしまっている」と。マルタさんの名を二度繰り返し、決して責める口調でなく、静かにマルタさんの名前を呼んで、その思い悩みに、どうしようもなく絡《から》み合ってしまったこころを解き明かして、解きほぐしてくださるのです。

マルタさんは、今、まさに、そのとおりのこころでした。マルタさんのこころは思い悩みに支配され、こころは乱れに乱れていました。そのために、せっかくの神さまへの愛の行為が苦しくなっています。その主イエスの静かに、流れくる愛に満ちた言葉を聞いたマルタさんは、そのこころを射抜《いぬ》かれたはずです。そのマルタさんに、さらに主イエスは語ります。

「この世では、たくさんのしなければならないことがある。しかし、まず必要なことがある。ただ一つ、まず一つ必要なこと。それを、マリアが選んでいるではないか」

と。

それは、主イエスの前にひざまずくこと、神さまの言葉を聴くこと、神さまの愛に満たされること、それは神さまへの礼拝なのです。

それを、すべての前提とする、一番にする、ただ一つの必要なものとするということです。裏を返せば、マルタさんは、その一番を一番にしていないのです。

ただ一つ必要なこと

そのとき、せっかくの神さまへの愛がつらくなる、苦しくなるのです。ステキな働きの中で、満たされていた喜びを失ってしまうのです。

主イエスは、それを責めるのではなくて、「それを回復する道があるよ、マルタ!」と言われるのです。

神さまは、私たちの名前を呼んで(マグダラのマリアも、名前を呼んでもらいましたね!)、私たちにも同じ言葉を告げてくださいます。「ただ一つ、まず一つ必要なことがある。それは、主イエスの前にひざまずく、神さまの言葉を聴く、まず神さまへの礼拝で愛に満たされることですよ」と。

私たちも、またマルタさんになることがあります。自分のことでいっぱいいっぱいになって、周囲の人の批判に忙しくなる。今必要なことを、自分で断定しては、隣人を裁く。その思いに我慢ができず、こみ上げてくる怒りを自分で抑えきれなくなるのです。

そのような私たちに、躍《おど》りだしたいほどの感謝の中で、その喜びの中で生きる道に、神さまは私たちを招かれる。「あなたも感謝して生きることができる。あなたも喜んで働くことができる。そのために、ただ一つ、まず一つ必要なことをしよう」と。

私たちも、マルタさんのように（また、マグダラのマリアさんのように）繰り返し神さまに名前を呼ばれています。私たちを責めるためではなく、愛するがゆえにです。その愛を信じて、感謝と喜びを回復する道、神さまへの礼拝から日々を歩み出したいと思います。

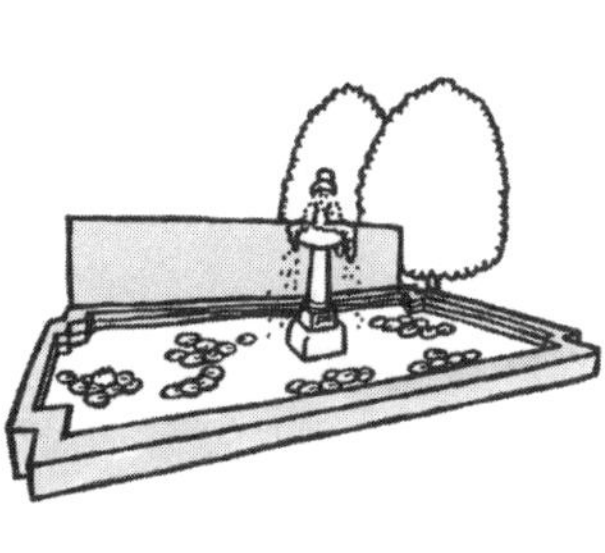

あふれる泉

そんなときには、主イエスの前にひざまずくように、聖書を開いてみよう。
きっと、もう一度、喜べるはず。
きっと、もう一度、頑張れるはず。

KAIFUKU

喜んでやってきたはずなのに、
ぜーんぶ、意味なかったみたいに思えたり……
頑張ってやっていることを、
だーれも、分かってくれないみたいに思えたり……

幼さゆえの衝突（中３のキミ）

Key Word 10 ―「愛」

マルタさんの物語 II

MARTHA

イエスは言われた。「わたしは復活であり、命である。わたしを信じる者は、死んでも生きる。生きていてわたしを信じる者はだれも、決して死ぬことはない。このことを信じるか。」マルタは言った。「はい、主よ、あなたが世に来られるはずの神の子、メシアであるとわたしは信じております。」

（新約聖書　ヨハネによる福音書　11章25—27節）

「愛」

家族を失ってしまう

マルタさんには、先に登場しました妹のマリアさんだけでなく、兄弟のラザロさんがおりました。この家族と主イエスは親しい交わりを持っており、主イエスは、この家族をとても愛しておりました。

そのマルタさんから、重大な連絡が主イエスに入ります。

それは、兄弟のラザロさんが病気、それも瀕死《ひんし》の状態だということなのです。その知らせが、主イエスのもとに届いたのです。

しかし、それから二日間、主イエスはその場に滞在なさる。普通なら、もし、愛する人と最後のお別れが必要であるなら、自分の用事を少しでも早く切り上げて、そちらに向かうでしょう。しかし、ラザロさんが亡くなってから、そのラザロさんの家族を、主イエスは見舞うのです。結局、ラザロさんが墓に葬《ほうむ》られ四日してから、主イエスは訪れました。ラザロさんの家では、たくさんの知人や近親者が訪ねてきておりました。みんなが悲しみを持ち寄り、その場は深い悲しみで覆われました。

そこに、到着した主イエス。その主イエスに、マルタさんは開口一番に語ります。「主イエスよ。もし、ここにいてくださいましたら、わたしの兄弟ラザロは死ななかったはずです」と。この言葉には、マルタさんの不満と怒りが込められています。

けれども、マルタさんは、このあとに、「しかし、主イエスよ。今でも、あなたが神さまにお願いされることは、何でも神さまがかなえてくださる、とわたしは信じます」と続けました。これが、かつて妹が一緒に給仕をしないと怒りを主イエスにぶつけた、あのマルタさんの言葉なのです。

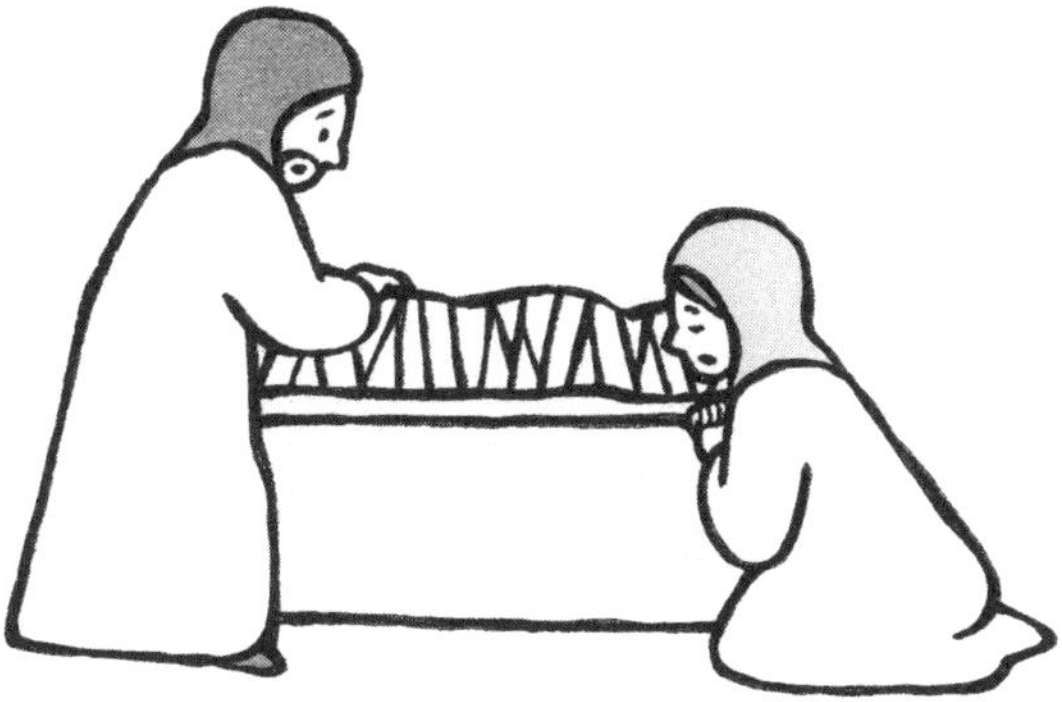

愛を信じる（マルタさん）

一つの経験から

先回の、Key Word 9の物語で、主イエスからこのマルタさんに、「あなたは、ただ一つ、まず一つ必要なことがある。それは、神さまの前にひざまずくこと、神さまへ礼拝をすることから始めなさい」と語られたことを思い出してください。

あのマルタさんなのです！

あの日のマルタさんは、自分の尺度《しゃくど》でしか人をはかれず、目に見える自分の働きを誇り、周囲の人たちを批判して、主イエスに不満いっぱいに詰め寄った。そのときに、あの言葉を主イエスからいただいたのです。

その主イエスの言葉をまっすぐに聞いたマルタさんは、弟のラザロさんの死と向き合う中で、主イエスに対する不満だけで、その言葉を終えなかったのです。不満のあとで、悲しみをこころに抱きながらも、マルタさんは、「しかし、あなたが神さまにお願いになることは、何でも神さまがかなえてくださると、わたしは、今でも承知しています」と主イエスに告白するのです。

つまり、マルタさんは、先の経験を通して、神さまの言葉に生き始めているのです。神さまの愛の中で希望を失わない。神さまの可能性を、自分の秤《はかり》ではかるような愚かなことは、もうしない。主イエスは、このマルタの言葉を、こころから喜ばれたに違いない。だから、このあとの主イエスの言葉は、こんなに祝福に満ちています。

「あなたの兄弟ラザロは復活する。なぜなら、わたしは復活の主であり、命の主であるからだ。わたしを信じる者は、死んでも生きる。さらに、今生きていて、わたしを信じる者はだれも、決して死ぬことはない。このことをマルタよ、あなたは信じるか」と語る。このとき、主イエスは、これが、「ただ一つ、まず一つ必要なこと。神さまの前にひざまずくことだ」とおっしゃっているのです。

この主イエスの言葉に、マルタさんは何と答えるか？

マルタさんは、「はい、主よ、あなたが世に来られるはずの神さまの独《ひと》り子《ご》と信じます」と答えるのです。私は、この主イエスとマルタさんの二人のやりとりと、マルタさんの返答に、本当に深い意味を読み取ることができると思います。

すべては愛の内にある

ここに主イエスとマルタさんの物語がある。主イエスの愛の言葉と、マルタさんの成長の言葉がある。

だから、ここは、私のもっとも好きな物語の一つです。主イエスは、うなずきながら語り、マルタさんは、神さまの愛に安心しながら、弟のラザロさんの死を受け止める。主イエスがお望みならば、ラザロさんも復活に生きることができる。つまり、このラザロさんの死にも、主イエスならば、意味をもたらしてくださるという告白を、マルタさんはしているのです。

もっと早く来てくれていたら、という目に見える効果（尺度《しゃくど》）より、もっと大きなものを、ここでマルタさんは見ているのです。病であっても、それを神さまの栄光を現すためのものとしてくださるのが、主イエス。その主イエスは、病だけでなく、死であってさえも、その力の中に、その愛の中に置いてくださるということです。ラザロさんの死が、神さまの力の外にあるのではない。人の死も、神さまの愛の中にあるということです。

　それは、悲しみのマルタさんだけでなく、私たちにも大きな力となる言葉です。先のマルタさんの経験も、ラザロさんの死も、どんなに深い悲しみも、神さまの愛の中に置かれている。それは、私たちの経験も、それが、どんな悲しみや労苦であっても、神さまの愛の外にあるものなどない、ということです。多くのラザロさんの知人がこの家を訪れ、慰《なぐさ》めを語っても、これ以上の慰めはえられなかったはずです。どんな人の言葉よりも、本当の慰めが、ここにあります。

「ただ一つ、まず一つ必要なこと。神さまの前にひざまずき、まず神さまの言葉を聞くこと」から始める私たちへの慰めです。その慰めこそ、私たちの希望。私たちのすべてを覆う希望です。

バイオリン

AI

キミのすべてが、神さまの愛の中にあるんだ。

教室で机をたたいて、笑った日も。

友達と大喧嘩《おおげんか》して、ぶつかった日も。

グランドを、みんなで走った日も。

病気で、独りぼっち寝ていた日も。

この世の命のともしびが、消える日も。

いやいや、その先までも、キミのすべてが、神さまの愛の中にあるんだ。

ガマンした痛み（中3のキミ）

Key Word 11

「魅力」

ナオミさんの物語

ナオミは言った。「あのとおり、あなたの相嫁は自分の民、自分の神のもとへ帰って行こうとしている。あなたも後を追って**行きなさい。**」

（旧約聖書　ルツ記　1章15節）

「魅力」

不安を越えるため

ルツ記を四回連続して読んでゆきます。その中に幾人《いくにん》かの女性が登場しますが、今回は、その一人であるナオミさんの物語です。

この「ナオミ」という名前は、大変ステキな名前で、ヘブライ語では、「快い」とか、「うれしい」とか、「喜ぶ」という意味があります。しかし、彼女の人生は、表面的に言うと、その名前の意味に反していました。まったく皮肉なものだと言われそうです。

彼女は、エリメレクさんと結婚をし、何不自由ない暮らしのうえ、子どもは二人も与えられて、(後に主イエスが生まれた)ベツレヘムに住んでおりました。

しかし、飢饉《ききん》がユダヤ全土に訪れ、食料に困ったイスラエルの人々は、他国に逃げ延びることになりました。このナオミさんも、夫のエリメレクさんに連れられて、外国であるモアブに難を逃れて行きました。けれども、その地は、聖書の神さまを信じるイスラエルの人々と、決して仲の良い土地ではなく、むしろ敵対していたのです。その意味でも、モアブに逃れるのは、簡単な決断ではありませんでした。

それでも、身寄りがなく、後《うし》ろ盾《だて》のない、また行き場のないナオミさんとエリメレクさんと、二人の子どもとは、どんな試練と困難が待ち受けていたとしても、その地に移り住むこと以外の選択肢がなかったのです。ナオミさんにとっても、不安いっぱいの旅立ちだったでしょう。

しかし、ナオミさんには、不安を越える唯一の道がありました。

それが、「聖書の神さまを信じる」ということ。そのことによって、神さまの愛があることを信じて、自分の今をしっかりと生きる。この世の不安を受け止め、越えてゆくのです。そのナオミさんの名前のとおり、「快く」「うれしく」「喜ぶ」ためにも、どんなことがあっても、「快く」「うれしく」「喜ぶ」ことのできるように、神さまの愛をナオミさんは信じるのです。

同じものを見ていても

そのナオミさんが異国の地に行った先で出合わなければならなかったことは、まずは夫の死でした。そのうちに、二人の子どもを連れて、見知らぬ地で過ごす労苦は大きかったはずです。その二人の息子がそれぞれお嫁さんをもらうことになりました。が、その二人の息子も、お嫁さんをもらうとすぐに相次《あいつ》いで亡くなってしまう。つまり、ナオミさんは、異国の地で、愛する夫と、大切な二人の息子を失うのです。ナオミさんは、人生の中で、これまで一度も味わったことのない深い悲しみに、この異国の地で出合わなければならなかったのです。

そこで、ナオミさんは決断します。生まれ故郷のベツレヘムに帰ることを、です。同じ神さまを信じる者の国で、たとえ、飢饉に耐えながらでも、貧しくても、その地で神さまの希望を与えられて生きてゆこう、と決断します。

そして、自分の息子のお嫁さんたちに告げるのです。「もう、それぞれ自分の家、生まれ故郷に戻りなさい」と。それを聞いて、二人のお嫁さんは、涙をもって抵抗しました。

そのお嫁さんを前に、ナオミさんは、さらに声を高く、いっそう強く、次のように告げました。

「わたしから、あなたがたに与えられるものは、今は、何もなくなってしまいました。だから、もうわたしのもとにいることはありませんよ」と。

長男のお嫁さんは、その言葉を受けて、自分の実家に戻りました。が、次男のお嫁さんルツさんは、「わたしは、生涯、お母さんと一緒にいます。そして、お母さんの神さまを、わたしも信じて生きてゆきたい」と逆に強く願うのです。なぜなら、ルツさんは、長男のお嫁さんとは違うものを、まったく違うものを見ていたからなのです。

ルツさんは、姑《しゅうとめ》であるナオミさんが信じる「神さま」を見ていたのです。そして、その神さまに喜んで生かされる「ナオミさん」を見ていたのです。夫を失ったときのナオミさんの言葉を聞き、行いを見ていたのです。自分の二人の息子まで失いますが、そのときのナオミさんの言葉を聞き、行いを見ていたのです。ルツさんは、もっとも近く、もっとも長くナオミさんと一緒にいたのです。だからこそ、すべてを知っていた。そして、そんなルツさんだからこそ、ナオミさんと一緒に生きてゆきたい、

いつかの日々（ナオミさんと家族）

と切望するのです。

こころ惹《ひ》かれて

ナオミさんが、どんなことがあっても、その名前のように「快く」「うれしく」「喜ぶ」ことのできる秘密があったこと、すべてが神さまの愛を信じることから始まることを、ルツさんは近くで聞いていた、直接に見ていたということなのです。そのナオミさんの生き方にこころ惹かれ、もう、ナオミさんとは離れたくない、ナオミさんを強く生かしている神さまに、自分も生かされたい、と願うようになった理由は、ここにあったのです。だから、ルツさんは、長男のお嫁さんとは違う、ナオミさんと一緒にユダヤに行く選択を決断をしたのです。

もし、私たちの人生が、ナオミさんのようであったなら。異国の地に住み、夫の死を経験し、それだけでも立っていることが難しいはずです。さらに、自分の二人の大切な息子を相次《あいつ》いで失ってしまう。その後の残された人生を、私たちは、どのように生きてゆくでしょうか？　大きな試練を受け、自分の人生を恨んで生きる人があるでしょう。悲しいことなど思いだしたくないという人は、とにかく早く忘れてしまうことに努めるでしょう。しかし、そのいずれの生き方も、決して前向きではありませんし、私たちが魅力を感じる生き方ではないはずです。

ナオミさんの生き方は、そうではありませんでした。この物語には、決して思いどおりにゆかない人生の中で、津波のように襲いくる苦難と労苦があるということ。そして、そのような人生を、神さまの愛の中で乗り越えて行く生き方があるということを、私たちに示しています。その生き方に生きたのが、ナオミさんであり、ルツさんはその生き方にこころ惹きつけられ、憧《あこが》れるのです。そのルツさんの物語を、次回も、引き続き読んでゆきます。

廊下から見た教室

しばしの別れ（中3のキミ）

MIRYOKU

　自分の思いどおりにゆくとき。
誰しも、希望を語ることができる。
　でも、キミに見てほしいのは、
自分の思いどおりにゆかないとき。
そこでも、希望を語ることができるか、ってこと。
　キミには、自分の思いどおりにゆかないとき、
そのときにこそ、希望を語れる人になってほしいんだ。

Key Word 12 ―「希望」

ルッさんの物語 I

RUTH

モアブの女ルツがナオミに、「畑に**行ってみます**。だれか厚意を示してくださる方の後ろで、落ち穂を拾わせてもらいます」と言うと、ナオミは、「わたしの**娘よ**、行っておいで」と言った。

（旧約聖書　ルツ記　2章2節）

「希望」

優しさと愛が交差する

先に、姑《しゅうとめ》のナオミさんの物語を読みました。そのナオミさんのところに嫁《とつ》いできた、ルツさんの物語を三回連続で読んでゆきます。

ルツさんは、夫を天に送り、それでもなお、姑のナオミさんと一緒に暮らし、家族になることを望みました。それは、ただ、嫁ぎ先の姑に対する義務というものをはるかに越えたもので、実際に、ナオミさんは、そのような義務で縛りたくない思いから、「自分の家から出て行ってほしい。わたしと一緒に住む義理はないですよ」と告げたのです。

ここに、ナオミさんの神さまに生かされる、優しさと愛があります。なかなか、そのようには言えません。

ナオミさんも、老後に一人で生きることの不安はあったはずですから。しかし、ルツさんのことを真剣に考え、自分のことを後回しにして、ルツさんのこれからを先にしたのです。そこで、「自分の家から出て行ってほしい」と告げるのです。くわえて、ナオミさんは、ナオミさん自身の故郷ベツレヘムに帰ろうとも考えていました。つまり、これから住むところは、ナオミさんにとっては故郷である場所であっても、ルツさんにとってそうではない。その場所にルツさんが来ることを危惧《きぐ》し、心配しているのです。

それに対して、ルツさんは、そのような姑《しゅうとめ》のナオミさんだからこそ、そのナオミさんと一緒に生きるという決断をします。はっきりと、「ナオミさんの信じる神さまを、わたしの主《しゅ》としたい」と言います。ルツさんは、もともとナオミさんとは敵対する他民族であったので、ルツさんは、それまで神さまを知らずに生きてきました。しかし、ナオミさんを、そのようなあふれるほどの優しさと愛に生かしているのは、ナオミさんが信じている神さまに秘密があると、ルツさんは確信したのです。

力を合わせて（ナオミさんとルツさん）

希望を取り戻す

そうして、二人は、一緒にベツレヘムに来るのです。しかし、姑《しゅうとめ》のナオミさんが想像していたとおりに、ベツレヘムでのルツさん、他民族であるルツさんへの対応は冷たいものがありました。「ルツ」という、その名前を聞いただけで、もう他民族であることを示しています。私たちも、名前には、生まれた時代や、地域が反映され、それぞれの名づけの親の思いや、気持ちが表れています。そのため、「モアブの女ルツ」と呼ばれる。いわゆる、あだ名です。これは、ヒドい！

モアブとは、ルツさんの出身地であり、敵対する民族名なのです。多少の覚悟はあったにせよ、ルツさんはつらかったと思います。その姿を見るナオミさんも、同じ家族としてつらかったでしょう。「自分に責任があるのではないか。あのときに、もっとはっきりと、断固として一緒に来ることを拒むべきではなかったか」とさえ感じ、悩んだかも知れません。そして、一緒に祈ったはずです。苦しい、二人の祈りがささげられたことでしょう。

その中で、ルツさんが提案します。「わたしを、畑に行かせてください。誰か厚意を示してくださる方の後ろで、落ち穂を拾いに行かせてください」と。

これは、「小さな一言」ですが、とても「大きな一言」です（先に読んだ、Key Word 6のラハブさんの物語の「小さな一言」と一緒です）。さらに、その一言に呼応して、そのルツさんに対して、ナオミさんは、「分かった。娘よ。あなたが、そのように願うのなら、行ってみてごらんなさい」と言うのです。この二人の言葉は、神さまを信じて、その神さまが与えてくださる希望を信じてなければ、二人が一緒に祈ってなければ、出てこない結論です。ここで、二人の言葉は、確かに響き合っています。

普通に考えるならば、耳を疑う言葉です。おそらく、この話を聞いた町の人たちは言ったでしょう。

「えっ？　あのモアブの女ルツが？　ルツが、畑に行ったところで、誰が中に入ることを許可するでしょう？　ルツも傷つくかも知れないけれど、それぐらいナオミだって想像できることでしょう！」と。

それは、一般的に考えられる、当然の不安と心配でした。しかし、そのような環境の中で、ルツさんは、「こんなつらい思いをするなら、わたしは、ナオミさんと一緒に、この土地に来なければよかった」とは言わないで、「この町で生きるために、わたしは畑に行きたい」と言うのです。希望の言葉です。そして、ナオミさんも、そのルツさんの言葉を受けて、「やめときなさい。わたしも、あなたが傷つくのは見たくない」と言わず、一言「行ってごらんなさい」と言うのです。

響き合う言葉

そのルツさんの希望の言葉に呼応し、ナオミさんは、「そう！　それは、なんとすばらしい言葉でしょう。きっと、この志を神さまが祝福してくださる。もし、それがかなわなくても、一緒に、その悲しみを乗り越えましょう。いや、そのようなわたしたちを、かならず神さまが救いだしてくださる」と答える。その確信があったのです。ここで、ナオミさんは、ルツさんのことをうれしいまなざしで見ていたはずです。

私たちにとって、理知的に考えることは大切です。そのことを聖書は否定しません。とどめるべきことは、自制しなければなりません。しかし、聖書は、理知的な不安や心配を乗り越えて生きる道をも示しています。それは、神さまを信じて、神さまが与えてくださる希望を信じて、祈り進むことです。この物語でいえば、ルツさんが言った、「わたしを、畑に行かせてください」との、この「大きな一言」に生き始めることです。

この生き方を、ルツさんは、ナオミさんから学びました。そうして、ルツさんが選び、獲得した生き方です。それは、ルツさんだけでなく、ナオミさんの心配をもはるかに越えたところの神さまから与えられた生き方です。ナオミさんは、ルツさんの行く末を思いはかるとき、良いことはないからと、ベツレヘムに一緒に来ることを拒んだのです。しかし、ルツさんは、その心配を神さまからいただく希望によって越えてゆく。そして希望の言葉が与えられ、その言葉は響き合う次の希望の言葉へとつながってゆくのです。

私たちにとっての、「わたしを、畑に行かせてください」という言葉。ぜひ、考えてみてほしいです。

しおり

KIBOU

キミの小さな希望の言葉を聞いた。誰かのこころが、
誰かの小さな希望の言葉となる！
誰かの小さな希望の言葉を聞いた、さらに他の誰かのこころが、
さらに他の誰かの小さな希望の言葉となる！
こうして、希望の言葉は響き合う！

スタート（中３のキミ）

Key Word 13 ―「喜び」

ルツさんの物語 Ⅱ

RUTH

ルツは言った。「わたしの主よ。どうぞこれからも厚意を示してくださいますように。あなたのはしための一人にも及ばぬこのわたしですのに、心に触れる言葉をかけていただいて、本当に慰《なぐさ》められました。」

（旧約聖書　ルツ記　2章13節）

「喜び」

麦の穂を拾うことから

もともとの生まれ故郷を離れて、ユダヤに住んだルツさんは、「モアブの女ルツ」と呼ばれました。それは、この人は「他民族モアブの出身のルツだ」と呼ばれたということです。そこには、モアブ人であるルツさんへの「敵対」する感情や、「差別」のような感情がうかがえます。しかも、ルツさんは、夫と死別しており、未亡人《みぼうじん》です。そのルツさんが、このユダヤの地で生活することの困難は、予想をはるかに超えるものでした。

まず、食べてゆく術《すべ》がない。それでは生活ができません。しかし、そのようなまったく逆境の中で、ルツさんは、自ら、畑に出て行くのです。断られることも、批判されることも予想されています。しかし、それでも、それを恐れず、神さまの愛と恵みを信じて、ルツさんは、このユダヤの地で前に進みだす。それだけでも、ルツさんの前向きさにこころを打たれます。そのルツさんは畑に行って、そこで監督をしている人に、こう願うのです。

「どうか麦畑の刈り入れをする人たちの後ろについて、麦束の間で麦の落ち穂を拾い集めさせてください」と。

畑の麦を刈り終え、麦束を集めたあとに、畑に落ちている麦の穂を拾うのです。未亡人《みぼうじん》であり、安定した職のないルツさんにとって、食べてゆくための、生きてゆくための選択です。このルツさんの熱意に押されたのでしょう。畑の監督は、この「モアブの女ルツ」が畑の中に入ることを許すのです。ルツさんは、どんなにかうれしかったことでしょう。

神さまを見上げるまなざし

ルツさんは、神さまへの感謝がわきあふれたと思います。その畑に入り、その朝から、少しも休まない。収穫のために正規に雇われている穂を摘む人が休んでいる時間も惜しんで、ずっと立ち続けて働くのです。決して楽な働きでも、慣れている働きでもない。しかし、食べるために、生きるために畑に入ることが許されたことに、ルツさんは、神さまの恵みをヒシヒシと感じた。それを感じれば感じるほどに、ルツさんは、自分の手を、脚を止めて休んでなどおれなかったのです。

私は、このルツさんに感動します！　この「もし、明日、畑に入ることを拒まれたとしても後悔しないように、今日できる精一杯に生きる姿に！」です。まさに、そのルツさんの姿が、その畑の所有者であるボアズさんの目に留まるのです。これは、偶然のようですが、実に、ボアズさんは、面識がありませんでした。が、ルツさんを、うわさとしては知っていたのです。

うわさとして、ルツさんは夫を失い、それにもかかわらず、姑《しゅうとめ》に忠実に仕え、故郷を離れてユダヤに来て、暮らしている。そのルツさんに対して、多くの町の人が、敵対視し、批判し、良くは思っていないということも、知られています。それは、ボアズさんだけが知っていた情報ではないのです。町の人たちは、この同じ情報を、うわさとしてえていたのです。

しかし、このボアズさんが、町の多くの人たちと違っていたのは、このルツさんという人に、まっすぐな神さまへの真実を読み取ったところです。つまり、神さまの信仰という視点で、まっすぐな瞳《ひとみ》でボアズさんは、ルツさんを見ているのです（ナオミさんを見る、ルツさんの視点と一緒です）。

そして、このボアズさんは、実に、このあと、このルツさんと結婚するのです。もちろん、この畑で出会った直後にではありません。すぐに結婚できたわけではなく、むしろ、いくつもの困難を乗り越えなければなりませんでした。

そのボアズさんの親切な言葉と、神さまへの祈りを覚え、それに応えようとする、ルツさん。ルツさんは、次のように言いました。

「あなたのはしための一人にも及ばないこのわたしに、なんと、こころに触れる言葉をかけてくださるのでしょう。本当に慰《なぐさ》められました」と。

このルツさんの言葉は、ボアズさんへの感謝と喜びの言葉であることは間違いな

落ち穂を拾う（ルツさん）

い。それと同時に、いや、それ以上に、そのままに、「この世の偶然」などという軽々しい言葉ではすまされない、神さまの計画に触れた思いを、ルツさんは抱いたことでしょう。そして、ルツさんは、「はしためにに過ぎないわたしへの、こころに触れる言葉と慰《なぐさ》めとを感謝します」と神さまに祈ったはずです（「はしため」は、Key Word 2のマリアの物語で、マリアさんが用いた言葉でした）。

喜びに生かされてゆく

「他民族モアブの出身のルツだ」と呼ばれ、「敵対」「差別」「批判」を目《ま》の当《あ》たりにしてきたルツさん。しかし、恐れず、神さまの愛と恵みを信じて、この他民族の地で前に進みだしたルツさんを、本当の意味でまっすぐに見て、真実を読み取ってくれる人がおりました。ボアズさんです。その人との出会いに、感謝しないではおれなかったことでしょう。

思い返せば、ルツさんは、結婚をして、ナオミさんの家に嫁《とつ》ぎました。しかし、夫を失って独り身になり、それでも、姑《しゅうとめ》のナオミさんと一緒に住む決心をしました。

その決心を決定的にしたのは、ナオミさんの生き方、言葉、その背後にある神さまへの信仰でした。

しかし、ルツさんが、異なる民族であるナオミさんの故郷で暮らすことは楽ではありませんでした。民族的に、対立関係にあったからです。それでもなお、どんなときにも姑のナオミさんが希望をもってふるまったように、ルツさんも、神さまの大きな希望に生きるのです。そこで、ルツさんは、自分を本当に理解してくれる伴侶をえる、結婚をするのです。何という、ステキなことでしょう！

まさに、ルツさんの人生は、「神さまとの出会いを通して、喜びに生かされる秘密を知り、喜びに生かされる生き方に生き、喜びに生かされる愛をえた」ということができます。

だから、ルツさんは、はっきり確信していたことでしょう。「わたしの人生のどれ一つも偶然ではなく、すべては神さまの恵みの計画の内にあった」ということを、です。それゆえにこそ、真実に、謙虚に、大胆に生きたのが、ルツさんであったのです。

栄光を放つ

礼拝（高1のキミ）

YOROKOBI

この世で起きるすべてのことを、
単発で、偶然の、意味のない出来事と見るか。
この世で起きるすべてのことを、
連続した、意味のある、神さまがくださる物語と見るか。
この二つのどちらであるか。
それで、キミの人生の喜びの質は、まったく異なるものになる。

Key Word

14 「世界」

ルツさんの物語 Ⅲ

RUTH

ボアズはこうしてルツをめとったので、ルツはボアズの妻となり、ボアズは彼女のところに入った。主が身ごもらせたので、ルツは男の子を産んだ。

（旧約聖書　ルツ記　4章13節）

「世界」

敵対する人でも

旧約聖書のルツ記の中のルツさんの物語を、二回続けて読んできました。これが、ルツさんの物語の最後になります。

このルツ記の主人公は、その題名のとおり、ルツさんという一人の女性です。もともとは、イスラエルの隣りの民モアブの出身でした。つまり、ユダヤの国のイスラエルの民でないということでいえば、聖書の中で、それも主人公として、このルツさんが描かれるということは、特別なことといってよいでしょう。

たとえば、日本に、隣りの国の人が入り込んできて、移り住んできて、その人が、日本の歴史のうえで、特別に讃《たた》えられているようなものだからです。それも、ルツさんは、聖書に書き留められるほど、大いに讃えられているのです。このようことは、とても、珍しいこと！　かりに日本であるなら、どこかで、日本の歴史なのだから、日本人がメインであってほしいと思うもの。のちの人に、どんなに大きな影響を与えたとしても、日本人をメインにして日本の歴史をひも解いてゆきたい、と考える人が多いことでしょう。

さらに、このルツさんが生まれたモアブとは、イスラエルと敵対する民族なのです。具体的に言いますと、聖書の神さまをまったく否定しているのです。モアブでは、農耕の神（いわゆる豊饒《ほうじょう》の神）を拝んで、日照りには雨を願い求め、収穫のためのお供えをして、繰り返し、繰り返し、お祭りをするような民族でした。

それが、イスラエルとモアブの関係でした。お隣り同士でありながら、宗教も文化も正反対なのです。したがって、この二つの民族と民族、行き来や交流はあったとしても、微妙な関係を通り越して、いがみ合い、憎しみ合うことさえあるような関係だったのです。

プロポーズ（ルツさんとボアズさん）

愛に引き込まれる

そのようなモアブの出身者であるルツさんを、イスラエルの民が信じるところのすべてが書かれている聖書に描くのです。それも、多くの紙面を割いて、詳細に描くのです。

これは、驚くべきことであり、そんなに簡単なことでありません。しかし、ここには、そうしなければならない意図があります。むしろ、そこに聖書の真髄《しんずい》も表れているのです。

それを、はっきりと知るために、改めて、旧約聖書のルツ記のルツさんの生涯全体を、これまでのKey Word11から13までのルツさんの物語をふり返り、考えてみましょう。

ルツさんは、モアブで、普通に生まれ育ちました。しかし、そこにイスラエルから移民してきた男性が現れ、結婚をします。その嫁《とつ》ぎ先の家では、聖書の神さまを信じて、神さまの大きな愛の安心感の中で、家族が輝いて生きているのです。そこで、初めて、ルツさんは、聖書の神さまを知る。直接に、本物に出会うのです。おそらく、それまでは移民の神さまなど、批判の対象として教えられてきたでしょう。

しかし、ルツさんは、その聖書の神さまに生かされている姑《しゅうとめ》のナオミさんに出会い、聖書の神さまにじかに触れます。そして、ルツさんは、その神さまの愛に生かされるすばらしさを知り、自らも、その道をまっすぐに大胆に生き始めるのです。そののち、ルツさんは夫を失っても、姑のナオミさんと一緒に住み続け、ナオミさんが母国イスラエルに戻るときに、ルツさんも、一緒について行く。そのため、今度は、モアブ出身のルツさんが、敵対するイスラエルに移り住むのです。

そのイスラエルの土地で、ルツさんは冷たい風を受けなければなりませんでした。しかし、そこでも、神さまの愛に力をえて、食糧を求めて畑に踏みだすルツさん。新たな地で、周囲からの信頼を神さまから与えられて、姑のナオミさんと親類であったボアズさんと出会う。このボアズさんは、ルツさんのまっすぐな神さまへの真実を見、外国人であっても、神さまの愛に生きる人に分《わ》け隔《へだ》てをしないのです。それゆえ、そののち、このボアズさんはルツさんと結婚するのです。さらに、子どもも与えられる。これが、旧約聖書のルツ記に描かれているルツさんの物語のすべてです。

さらに、そのルツさんの子がオベドさんで、オベドさんの子がエッサイさんで、エッサイさんの子がダビデさんです。このダビデさんは、イスラエルの王に、後年なる人です。そして、このダビデさんの家系に、聖書の中心である主イエス・キリストが生まれます。つまり、主イエスの家系の中に、このルツさんの血が流れているのです。神さまの愛に、ルツさんの生涯が引き込まれているのです。

この世界を包む愛

ここに「ルツさんの物語が、ルツ記として、聖書の中にしっかりと描かれなければならない理由」があるのです。聖書の神さまの愛の支配は、イスラエルの枠《わく》をはるかに超える、ということです。それは、人間的に見れば、敵であったとしても、です。聖書の神さまの愛の範囲は、国の違いや、目の色や、肌の色を越えて、この世のすべての人を招くものだということです。神さまの愛は、この世界が丸ごと入っても、なおあまりあるものなのです。

もし、神さまの業《わざ》に必要なことであれば、神さまの力は、すべての地の、すべての時代に働かれる。イスラエルでは言うまでもなく、敵地モアブであっても、いいえ、日本であっても。神さまの愛に、国境などない。西洋も東洋もないのです。

だから、このルツさんをこそ、神さまの愛に引き込んでくださるのです。この神さまの愛の源流は、この世のすべての人を招くどころか、その人をこそ愛の本流で包んでくださる。愛の本流で生かしてくださるのです。神さまの愛の射程は、世界を包むからです。

これこそ、聖書の真髄《しんずい》です。「わたしこそ、神さまから遠い」と思われる、そのときこそ、実にもっとも神さまの愛の本流に招かれています。私たちも、この神さまの愛の家系（ルツさんと同じように、主イエスの愛の家系）の中に生かされているのです。その愛は、この世界を包み込むほどなのですから。

牛馬のための用水

SEKAI

神さまの愛は、世界を包み込む！

どんなに、国と国の間に線引きしても、
どんなに、民族と民族が対立しても、
どんなに、歴史と歴史が衝突しても、
この一つの世界を包む、神さまの愛をせき止めることはできない！

Key Word

15 「光」

アンナさんの物語

ANNA

彼女は神殿を離れず、断食したり祈ったりして、夜も昼も神に仕えていたが、そのとき、近づいて来て神を賛美し、エルサレムの救いを待ち望んでいる人々皆に幼子《おさなご》のことを話した。

（新約聖書　ルカによる福音書　2章37―38節）

「光」

闇のような現実

長男であった主イエスは、幼い日、律法にしたがって、神さまから与えられた命に感謝するために、両親であるマリアさんとヨセフさんの手に抱かれてエルサレムの神殿に来ました。神殿に入ろうとしたとき、この幼子の主イエスに近づいて来たのが、預言者のアンナさんです。アンナさんは、八十四歳でした。現在でこそ平均寿命は八十歳前後ですが、二千年前の当時としては、かなり高齢であったはずです。

このアンナさんの出身は、アシェル族とあります。このアシェル族は、イスラエルの部族の中では、北の外れ地中海に面している南北に長い地域に住んでいました。

ティルスや、シドンという名前を聞いたことがあるでしょうか？　ちょっと聖書では、批判的に書かれている地域です。その土地に住む人は、もう信仰が薄らいでおり、多くの人たちは神さまから離れてしまっているのです。アンナさんは、そのような土地で生まれたにもかかわらず、神さまの愛に生かされた人でした。

私たちは、往々《おうおう》にして、目の前の出来事に右往左往し、その先で大きく手を広げて待っていてくださる、神さまが見えなくなってしまいがちです。ときには、神さまを見ようとさえしないこともあります。楽しいことばかりは続かない人生の中で、むしろ上手くゆかない人生の中で、不満や、いらだちを重ねながら、私たちは生きてゆきます。しかし、そのような私たちの労苦や、この世の悲しみ、矛盾という闇のような現実があったとしても、その先で、私たちを愛してくださる神さまという光を見いだして生きてゆけたら。アンナさんは、そのような信仰を神さまからいただいて、神さまの光をいただいて、この世を歩んできたのです。

光に向かって歩む（アンナさん）

光を見いだして

　アンナさんは、若い日に七年間結婚生活を過ごした経験がありました。その生活の終わりは、夫との死別でありました。そののち、一層、神さまに仕えることに専心したことでしょう。その意味では、この愛する夫との別れによって、その悲しみの中で、アンナさんは、神さまに本当に出会ったということもできるでしょう。年を重ねるごとに、アンナさんの祈りはますます篤《あつ》く、必要があれば断食までも神さまにささげてきました。そうして、神殿に詣《もう》でていたのです。

　さらに、そのアンナさんは預言者でした。預言者とは、「予《あらかじ》めのことを知る言葉」と書く予言者ではありません。そうではなく、「預かる言葉」と書く預言者です。これは聖書に独特なもので、預かるという字のときの預言者は、「神さまから預かる言葉」という意味なのです。つまり、神さまから預かった言葉を語るのが、預言者でした。現代の牧師も、聖書の授業を担当している先生も、聖書を読んで、その聖書の言葉を通して現実を見て、そこで神さまから預かった言葉を語るのです。

預言者であるアンナさんは、目の前の出来事に右往左往してしまうこの世に、その先で大きく手を広げて待っていてくださる、神さまを見るのです。聖書によって見ようとするのです。

そうして祈りながら、そのような歩みを重ねるアンナさんには、はっきりと主イエスがこの世の救い主キリストとして、神さまの独り子《ひとりご》として見えるのです。他の人たちには、見えなかった。なぜなら、主イエスは、まだまだ幼子《おさなご》だからです。神殿に詣でた主イエスは、お母さんのマリアさんとお父さんのヨセフさんの腕に抱かれている、まだまだ生まれたばかりの赤ちゃんです。その前日にも、他の家族が、自分たちに与えられた、愛する幼子の祝福を祈って、その神殿に、主イエスと同年齢の子を連れて詣でてきていたはずです。

もしかしたら、その日も同じように神殿に詣でた家族が何家族かあったかも知れない。しかし、アンナさんの目は、まったく主イエスは他の幼子とは異なって見える。神さまの愛の光を放って見えるのです。

そのアンナさんは、幼く、言葉も言えず、オムツをしているくらいの主イエスに近づき、神さまを賛美しました。声を震わせて、「神さま！　こころから、こころから感謝します！」と。

そして、涙を流して続けます、「この方こそ、この世の救い主。わたしたちに喜びの命をもたらしてくださる、神さまの独《ひと》り子《ご》です」と。

希望を手放さない

アンナさんには、この世への神さまの愛が、はっきりと「小さな赤ちゃん」に見えているのです。馬小屋で生まれた主イエスは、粗末な布にくるまれていたことでしょう。その両親を見ても、一見して、この世の救い主の親として、高貴な姿をしていたということでもありません。マリアさんも、ヨセフさんも、自分たちの持っている服で、もっとも上等なものを身に着けて神殿に詣《もう》でたとはいえ、それも、他の家族と同じくらいのものであったでしょう。人間的に見れば、ここに何一つの喜びも、感謝も、見いだせないのです。

しかし、アンナさんは、主イエスに神さまの愛を見る。聖書は、「この神さまの独り子である主イエスが、私たちの命の希望となり、どんな絶望でも消すことのできない、私たちの光となる」と語っています。その信仰に生きるアンナさんは、「その、まことの光なる方は、ここにおられる。この人を見てください」と主イエスを指さし、多くの人たちに語りました。その光こそ、私たちも、見いだしたい光です。その希望こそ、私たちも、手放してはならない希望です。

私たちは、何を光として、この世の闇を照らすのでしょうか？　私たちの足元を照らす光は何でしょうか？　その問いに、アンナさんは答えています。

「現実の世界には、労苦や、悲しみ、矛盾があります。しかし、その先で、私たちを愛してくださる神さまがいらっしゃいます。だから、私たちの不満やいらだちを、その神さまの愛にお委《ゆだ》ねしたらよいのです。そのとき、私たちは、神さまの愛に強められて生きてゆく。神さまの愛を光として、足元を照らされて、私たちは、この世を生き抜いてゆけるのです」と。

石碑

HIKARI

キミは、光を持っている！

どんなに深い闇でも、
光の前では、どうすることもできないんだ。

それが、小さな、小さな、小さな光でも？

そう！

どんなに、小さな、小さな、小さな光でも、
どんなに、深い、深い、深い闇も、その場から逃げ出すしかないんだ。

移動教室（高１のキミ）

Key Word 16 ―「奉仕」

シモンさんの姑《しゅうとめ》の物語

イエスがそばに行き、手を取って起こされると、熱は去り、彼女は一同をもてなした。

（新約聖書　マルコによる福音書　1章31節）

「奉仕」

決して不可能ではない

シモンさんと、シモンさんの弟アンデレさんが、湖で網を打っていました。いつもと変わらず、仕事をしていたのです。彼らは漁師だったからです。そこに、主イエスが訪れました。ガリラヤ湖のほとりを歩いて来られる。それほど主イエスを気に留めていなかったかも知れませんが、岸から離れていないところで漁をしていたシモンさんとアンデレさんの二人の兄弟に、主イエスは語りかけるのです。

「わたしについて来なさい。人間をとる漁師にしよう」と。

その言葉を聞いた、二人の兄弟は、その場で、自分たちの手に持っていた網を捨てて、主イエスについて行くのです。これは、なかなか簡単に私たちにマネできることではありません。また、私たちが努力でもって、気合でもって、そのようなことができるというのでもありません。ここでは、人生の中で、神さまの業《わざ》が働くときに、このことも、決して不可能ではないことだ、と語っているのです。

主イエスの言葉を聞いた人たちは、この二人の兄弟だけでなく、すべての人が非常に驚いています。なぜなら、その当時に、聖書の話をしてくれる人とはまったく違っていたからです。その主イエスの言葉に、神さまの愛と力とをはっきりと聞き取ることができたのです。聞く人の誰しものこころが強く揺さぶられたからです。その権威ある言葉を、それも目の前で、自分を対象にしてまっすぐに語られたなら。そう考えますと、二人の弟子の行動も分かる気がします。

愛のベクトルが届く

こうして、主イエスと歩みを一緒にするようになったのが、シモン・ペトロさん。この一番初めに主イエスの弟子に選ばれ、召されたシモン・ペトロさんの物語の直

起き上がる（シモンの姑《しゅうとめ》）

後に、間をおかずに、聖書では、ペトロさんの姑《しゅうとめ》の家での物語が続きます。

何をさて置いても、まず、このペトロさんの家を主イエスは訪れるのです。ここに、私たちは、主イエスの愛をはっきりと見て取ることができます。それこそが、主イエスに従う者への神さまの愛のベクトルなのです。神さまに従うということと、神さまの愛とは切っても切れない。それも、神さまに従う者へは、どんな関係よりも、最優先して神さまの愛が与えられるのです。

今、主イエスの愛のベクトルが伸びて行く先には、シモン・ペトロさんがいる。そして、そのベクトルは、そのままに伸びて、その姑にまで届くのです。姑ですから、シモンさんと結婚した配偶者のお母さんです。つまり、姑ばかりでなく、弟子として従ってきたシモンさんの家族にまで（家族にこそ）まず神さまの愛は一層注がれるのです。

私たちには、誤解があるかも知れません。それは、主イエスの弟子になって、自分の職業も捨てて、主イエスに従って行くということは、主イエスに従うこと以外は、どうなってもよい（仕事も、家族も自分の身の周りの一切が、どうなってもよいと考えている）、という誤解です。しかし、そうではないのです。むしろ、反対で、自分の持っていた網を捨てて主イエスに従ということは、自分の仕事にも、自分の家族にも、自分の周囲のすべてのことに、神さまの愛のベクトルが届くことを信じるからこそできることなのです。

自分の仕事も、自分の家族も、自分の周囲のすべてのことが神さまの愛の内にあり、私たちの手が届かないところにも、神さまの愛のベクトルが確かに届くという恵みに生きる、ということなのです。

その愛を、直接に受けたシモンさんの姑。彼女は、主イエスがそばに来て、手を取って起こされ、それまで自分に重くのしかかっていた病の重荷を降ろしていただくのです。

もてなすというかたち

病を癒《い》やしていただいた彼女は、すぐに主イエスと、婿《むこ》であるシモンさんをもてなすのです。おそらく、他の家族は、「病み上がりなのだからやめときなさい」といさめたことでしょう。しかし、それをふり切ってでも、この姑は、一同をもてなす。このとき、「病の癒やし」への感謝以上のものをシモンさんの姑は抱いていたのではなかったでしょうか。

つまり、先ほどの、私たちのような誤解をしていたのは、この姑《しゅうとめ》ではなかったか、ということです。もしかしたら、この姑こそ、自分の娘の婿《むこ》であるシモンさんのことを、さらには、そのシモンさんを連れて行ってしまった主イエスのことを、婿の仕事までも奪ってしまったひどい人だと、恨んでいたかも、もしくは憎んでいたかも知れません。しかし、そんなふうにしか、邪《よこしま》にしかすべてを見ていない、見られない自分のところに、その主イエスは一番に来てくださるのです。

そして、病という重荷まで降ろしてくださる。そのすべての感謝が、それだけでなく、主イエスに従うということの恵みの意味、神さまの愛（私たちの願いをはるかに超えて、こころ満たされる神さまの愛）の意味を知ったのです。それゆえに、姑は病の癒《い》やしの直後に、すぐにも一同をもてなさないではおれなかったのです。そして、このもてなすという奉仕の業《わざ》もまた、主イエスに従うという「一つのかたち」と言うことができます。

こうして、シモンさんも、姑も教えられ、この物語から私たちに語られていることとは、自分の家族にも、自分の友達にも、自分の周囲のすべてのことに神さまの愛のベクトルが届く、と信じることです。私たちは、与えられている隣人と、神さまの愛を映しだすような関係を築いてゆきたいと思いますが、なかなか、近くとも、遠くとも、隣人に対して、隅々まで愛を届けることなどできません。私たちの愛のベクトルはあまりに乏しく、小さいのです。しかし、そこにも、私たちの大事な人たちにも、神さまの愛は、神さまの愛であるならば、確かに届く、ということなのです。

その恵みに信頼して生きるとき、私たちは持っている網を捨てて、主イエスに従うことができます。病を癒やされ、一同をもてなした姑も、主イエスに従ったのです。私たちができる（私ができる）、神さまへの従い方（私の「かたち」）を、ぜひ、考えてみましょう。

おとめの祈りの像

HOUSHI

神さまの愛のベクトルは、キミに届いている。
いやいや、それどころか、キミが持っている、
すべてのものに届いている。

その神さまの愛のベクトルがあるなら！

キミは網を捨てることができる。
いやいや、それどころか、
キミ自身までささげることができるんだ。

渡り廊下（高１のキミ）

Key Word 17

「美しさ」

ナルドの女性の物語

イエスは言われた。「するままにさせておきなさい。なぜ、この人を困らせるのか。わたしに良いことをしてくれたのだ。」

（新約聖書　マルコによる福音書　14章6節）

「美しさ」

大事にしてきた宝物

　主イエスが、ベタニア（エルサレムから、ほんの三キロほどの距離）におられたときのこと。重い皮膚病のシモンさんの家での物語です。この人は、先の弟子のシモンさんとは、まったく別人です。

　おそらく、主イエスから癒《い》やしていただき、その愛に触れて、こころの奥底にまで慰《なぐさ》めと力をいただいたシモンさん。彼は、その感謝の思いで、自分のこころにお招きするような思いで、ぜひ、自分と一緒のときを、自分の生きる場所で持ちたいとの思いで、主イエスを自宅にお招きしたのです。

そこで、主イエスが、食事の席に着いておられたときのことです。一人の女性が、主イエスに近寄り、自分の手にしていた石膏《せっこう》の壺《つぼ》をガシャンと壊したのです。その大きな音は、一緒の食卓に着いていた者たちをも驚かせました。ガヤガヤとしていた食事の席は一気に静まり返ったでしょう。そして、その音の先に、その家のすべての者の目が注がれたとき、一人の女性は、もう次の行為に移っておりました。

女性は、その石膏に入っていた香油を、主イエスの頭に注ぎかけていたのです。そのとき、部屋中はもう、きわめて高価な香油の香りに満たされておりました。かつては、王が立てられるときには、油が注がれておりましたから、彼女は、自らの寄《よ》る辺《べ》として、自らにとってなくてはならない存在としての「王」であり「主」である主イエスを知り、その主イエスとのつながりの中にこそ生きてゆきたい、との願いと祈りにあふれて、この行為に至ったのです。

その香油は、ナルドの香油と呼ばれる高価なもの。女性の全財産、持っているもののすべてといってよいほどのものでしたが、それをささげても、少しも惜しくないほど、この女性も、家の主人のシモンさん同様に、主イエスの愛に触れ、こころの奥底にまで慰《なぐさ》めと力をいただいたのです。だから、自分の宝物のように大切にしてきたもの、香油の入っている石膏の壺を砕いたのです。

すべての備え（ナルドの女性）

何よりも値高いこころ

ナルドの香油の壺《つぼ》を割る行為は、彼女にとって古い自分を打ち砕くことでもあったでしょう。

この女性は、主イエスの業《わざ》と言葉から受ける、本物の愛に触れて、これまでの自分という殻に閉じ込められた「わたし」を打ち砕いて、新しくされてゆきたい、と願ったのです。つまり、この部屋に響いた石膏《せっこう》の壺を割る音は、この女性の古い自分の殻を打ち砕いた音。そして、今、この部屋中に満たされている香油の香りは、この女性の「自分は、これから新しい自分を生きるのだ」という希望の高貴な香りを示すものとも言えるのです。

しかし、この香油の香りを引き裂いて、ある人たちの言葉が、矢のように女性めがけて打ち放たれました。

「なんてことをしているんだ。こんなに香油を無駄にして。売って、貧しい人に施《ほどこ》したほうが、よっぽど意味があるじゃないか」と。

それは、かならずしも、イジワルで言ったのではなかったかも知れない。その人たちは、本気で憤慨《ふんがい》し、もしかしたら主イエスも、自分たちのその言葉に同調して、「なんと無駄なことをしてくれたものだ」と怒ってくれると思っていたかも知れません。

この強烈な、鋭い矢に打ち抜かれて、そう言われた女性も、大きな不安と困惑の波にさらわれてしまいます。こころは乱れ、不安と恐れに取りつかれ、「ごめんなさい。わたしは何てことを……」という思いで、彼女の顔は明らかに曇りました。その女性から、それまでの感謝と喜びの笑顔はまるで消え、その顔の表情は、不安と恐れの淵《ふち》に立たされているかのようです。

その女性を見ながら、主イエスが口を開きました。「この女性の行いを、わたしは、そのままに受け入れたい。だから、この人を、もう困らせてはならない」と。そして、主イエスは優しく、微笑《ほほえ》みながら続けます。「この人は、わたしに良いことをしてくれた。自分のできる限りのことを、この人はわたしにしてくれたのだ」と。

主イエスは、ご存知なのです。この女性のまっすぐなこころを。このささげられた純粋な香油よりも、もっともっと清《す》んでいる値高い女性のこころを。そして、主イエスの愛に触れて、その愛を信じて生きる。新しい自分を、希望をもって生きると祈ったことも、主イエスはご存知だったのです。

美しく映るもの

主イエスの言葉に、どれほどの安堵感《あんどかん》を、この女性はえられたことでしょうか！周囲の人たちから、「そんな無駄なことを」とののしられ、批判され、否定され、この女性は一瞬にして、こころの喜びを失ったでしょう。しかし、神さまは、そのこころを、その行為の意味を知っていてくださる。そして、「わたしは、あなたの行いを、そのままに受け入れたい。あなたは何も、恐れと不安にさいなまれることはないよ」と語ってくださるのです。うれしいことです！

さらに、主イエスが微笑《ほほえ》みながら続けたように、「わたしにとって良いことを、あなたのできる限り行いなさい」と言われる。この「良い」と訳されている言葉には、実に「美しい」という意味がある。つまり、聖書は、この女性の行為は、「主の目に美しい」と訳せるのです。どんなに人が、無駄だと言っても、「主の目に美しく映るもの」こそ、本当の「美しさ」、私たちの求める「美しさ」ではないでしょうか。

私たちは、人から言われなくても、「自分のやっていることなど無駄ではないか」

と自問自答する日があります。もし、そのようなことを直接に、面と向かって人から言われたなら、私たちに返す言葉はありません。

しかし、神さまは、私たちに、「あなたがわたしに精一杯にささげたものを、そのままにわたしは受け取ろう。そして、その行いこそ、本当に『美しい』ではないか」と高らかに宣言してくださるのです。何という励ましの言葉！　私たちも、この美しさに生き、また、この美しさを求める者でありたいと願います。

けやきの樹

放課後に（高2のキミ）

UTSUKUSHISA

キミの愛には、リスクが伴う。
キミの愛を指さして、「何て、無駄なことを」と、
揶揄《やゆ》されるかも知れないから。
それでも、キミは、キミがしてもらいたいように、
誰かを愛することに臆病《おくびょう》になってはならない。
なぜなら、そのことを、「美しい」って言ってくださる
神さまがおられるから。

Key Word 18 ―「香り」

シェバの女王の物語

わたしに知らされていたことはその半分にも及ばず、**お知恵**と富はうわさに聞いていたことをはるかに**超えて**います。

（旧約聖書　列王記上　10章7節）

「香り」

即答する願いごと

これより、四人の旧約聖書に登場する女性の物語を読みます。始めに、シェバという国の女王の物語です。

紀元前十世紀頃のイスラエル。第二代目の王ダビデの息子ソロモン王の治世に、イスラエル王の宮廷を訪ねた女性が、シェバの国の女王です。このイスラエル王は、一般的にも、名前が知られており、「知恵者のシンボル」として名高い。それが、ソロモン王でした。

父のダビデ王の死後、イスラエルを治め始めるときに、神さまがソロモン王に質問したのです。

「あなたが、わたしに願うことは何か」と。

さて、私たちは、神さまに、そのように問われたら、何と言って、お答えするでしょう？　私などは、欲張りですから、あれも欲しい、これも欲しい、と考え始めたら、即答することなどできそうにありません。

そのとき、このソロモン王は、その場で、すぐに「知恵に満ちた賢明なこころを求めます」と、神さまに願い、求めるのです。神さまは、そのお答えを喜び祝福して、ソロモン王に、「豊かな知恵と、洞察力、海辺の砂浜のような広いこころ」を授けられるのです。このソロモン王が求めた、「知恵に満ちた賢明なこころ」を、神さまは祝福し、喜ばれるのです。

そして、このソロモン王が求め、神さまが大いに祝福された「知恵に満ちた賢明なこころ」を確かめようと、遠路はるばるイスラエル王の宮廷に来たのが、シェバの国の女王であったのです。

良き香りにいざなわれ

この女王の国シェバとは、異教の地でした。現在のエチオピアとも、イエメンとも言われますが、いずれもアラビア半島の南端付近の国で、エルサレムとは直線距離で二千キロ以上も離れている場所です。

おそらく、三か月以上もの長い時間をかけて、宮廷に到着したことでしょう。また、その道程は砂漠地帯の中を突き抜けなければなりませんでした。

そのような労苦や、リスクがあるということなど、当然理解したうえで、ソロモン王へ奉献《ほうけん》する宝物をたずさえ、大連帯を組んでやって来たのです。その間は、女王が国に不在になるわけですから、その危険のための備えも国を挙げて行ってきたことでしょう。

そのような、大きな労苦や、リスクがあっても、シェバの国の女王がソロモン王を訪ねたいと願ったのは、ただ一つのことを手に入れたいと考えたからでした。

その手に入れたいと願ったものとは、「知恵に満ちた賢明なこころ」でありました。

それが、おそらくは、この世で手に入らないものは何一つもなかったであろう女王が、女性として、国をかけて、命をかけてえたいと求めたものです。それは、言うまでもなく、ソロモン王が、神さまに即答して願って、神さまから受けたものでした。

女王は、二千キロも離れた場所から流れてくる「風のうわさ」を確かめ正すために、ソロモン王へいくつかの問いを用意してきました。そして、ソロモン王は、その用意してきた女王の問いに、まさに「知恵に満ちた賢明なこころ」で答えられるのです。そこで、シェバの女王は、「この人は間違いない」と納得する。ソロモン王もまた、この来訪を喜び、シェバの女王に、最高のもてなしをして対応しました。

イスラエルとして、国交のない国の女王にもかかわらず、国賓《こくひん》を迎えるような破格の丁重《ていちょう》な迎え入れをしました。ソロモン王としては、「知らぬ国の者が、自分に問いを持って訪ねて来るなど無礼だ」と憤《いきどお》り、捕らえることもできたのです。また、「神の民」と言われるイスラエルからしてみたら、異教の地の者など、女王といえども、「聖書の知恵に欠《か》けたる者」ですし、少なくとも「神さまの知恵からは遠い者」という理解があったことでしょう。

しかし、このソロモン王は、この来訪を喜んだのです。それは、ソロモン王の名声が、それほどに国を超えて広がっていることを喜んだとも言えそうですが、それ

長い旅を経て（シェバの女王）

だけではなかったはずです。やはり、「知恵に満ちた賢明なこころ」を求めるという、その良き香りをかぎ分ける力を持ち、さらに、その香りを求めて、労苦とリスクを負ったとしても、このイスラエルまで来る女王の存在を大いに喜んだのです。神さまが、ソロモン王のただ一つの願いを祝福したように、ソロモン王は、シェバの女王のただ一つの願いを大いに喜んだのです。

あらゆる難題をも

そのソロモン王との出会いに、感謝して述べたシェバの女王の言葉があります。

「あなたとともに働く者は、なんと幸いなことか！　いつもあなたの前に立って、あなたの知恵に接している者は、なんと幸いなことか！」

ソロモン王への、また、その知恵への最高の賛辞《さんじ》です。極めつくせない高い知恵の前に、感服《かんぷく》した言葉でもあります。

この最高の賛辞と、感服に値する知恵こそ、聖書です。その神さまの知恵にあふれているのが、聖書なのです。だから、この聖書の知恵を公式にして、方程式にして、私たちは、この世のあらゆる難題を解くこと（説《と》くこと）ができるのです。

　私たちも、ソロモン王とシェバの女王が一心に求めた「知恵に満ちた賢明なこころ」を求めたいと思うのです。その良き香りをかぎ分ける力を持ち、それを求め、用いてゆきたい。

　私たちは、神さまの喜ばれる知恵（見えないものを信じる知恵）よりも、この世の知恵（結果が手っ取り早くでる知恵）のほうに、より魅力を感じます。

　しかし、聖書の中には、「主を畏《おそ》れることは知恵の初め」という言葉があります。この知恵こそ、神さまが祝福し、神さまが喜ばれた「知恵に満ちた賢明なこころ」です。この格別に良き香りをかぎ分け、求めてゆきたい。ここには、王が国を治める知恵があります。いいえ、それだけにとどまらず、私たちの人生を豊かに実りあるものにする知恵があります。この世の知恵では届かないところにある、神さまの知恵に目を注ぎたいものです。

足踏みオルガン

その香りは、こころ塞《ふさ》がれて、どうしようもない日も、
かならず、キミを前向きにしてくれる。
それは、今だけじゃない。
これから、ずっと、ずっと、ずーっと続く、香りなんだ。

クラス礼拝（高2のキミ）

KAORI

神さまの知恵の香りは、
きっと、甘ーい香りだ。

Key Word

19 「使命」

エステルさんの物語

彼女がエステルで、モルデカイにはいとこに当たる。娘は姿も顔立ちも美しかった。両親を亡くしたので、モルデカイは彼女を自分の娘として引き取っていた。

（旧約聖書　エステル記　2章7節）

「使命」

後ろ姿を見て成長する

旧約聖書のエステル記の中のエステルさんの物語を読みます。

エステル記とは、紀元前四七〇年ほどの時代（バビロン捕囚《ほしゅう》以降）に、ペルシアという国に住んでいた、イスラエルの民のことが書かれています。そのペルシアにとっては、イスラエルの人々は異国の民です。一方で、イスラエルにとっては、自分たちは寄留の民であり、それはそれは不安定な生活を余儀《よぎ》なく強いられていました。

そのため、イスラエルの民であったエステルさんには、ペルシア語の名前と、へブライ語の名前がありました。このエステル記の物語の中で、この題名が示すように、大変重要な人物がエステルさんという女性なのです（ルツ記のルツさんも、題名と重要な人物が同じでした）。

　エステルさんは、幼くして親を亡くしています。それも両親とも。異国の地で両親のない女性への厳しさは、はかり知れないものがあります。この不憫《ふびん》なエステルさんにこころをかけ世話したのが、いとこのモルデカイさんで、彼女を養女として育てるのです。このモルデカイさんは、神さまを信じる者が持つ独特の「強さ」と、神さまを信じているからこそ生じる「謙遜《けんそん》さ」のある人でした。そのモルデカイさんの信仰の後ろ姿を見て、エステルさんは成長してゆくのです。

　そのエステルさんに神さまが与えた賜物《たまもの》が、容姿の「美しさ」でした。聖書に、はっきりと「姿も顔立ちも美しい」とエステルさんのことが描かれています。その美しさが、ペルシアのクセルクセス王の目に留まり、彼女は王の妃《きさき》として宮廷に入ることになるのです。このことで、エステルさんの人生は急転します。

最大限に生きる（エステルさん）

使命を果たすため

そのときのペルシア王の側近はハマンさんでした。

このハマンさんは、イスラエルを憎しみの目で見ておりました。まさに、神さまを信じる者が持つ独特の「強さ」と、神さまを信じているからこそ生じる「謙遜《けんそん》さ」が許せないのです。

ハマンさんは、王宮の門に座っていたモルデカイさんに敵意を抱きました。ハマンさんは、周囲に自ら標的となる敵を作り、その敵を蹴落《けお》として、自らの地位を築いてきたのです。そのハマンさんは、王の側近でさえある自分を決して礼拝しないモルデカイさんに腹を立てる。そのような「強さ」と、自らの手柄をも王に進言しない「謙遜さ」を兼ね備えた、モルデカイさんの生き方に我慢できなくなります。妬《ねた》みの感情があふれるのです。

ハマンさんは、このモルデカイさんを蹴落とすために、彼がイスラエルの民であること、ペルシアにとっては外国人であること、歴史をさかのぼれば、かつて敵対していた民であることを突き止めます。そして、モルデカイさんだけでなく、国中にいる全イスラエル人を殺害するべきだという、そのような法律を、（王を上手く自分の味方につけて）打ち立てようとするのです。ハマンさんは、「王の側近」という自分の権威をかざして、ありったけのこの世の知恵を総動員して、モルデカイさんを含む、イスラエル全滅のシナリオを組み立てるのです。

そこで、モルデカイさんは、エステルさんに言うのです。

「今こそ、あなたが立つときではないか！」と。

つまり、イスラエルのために、王を正義の道に連れ戻し、ハマンさんの闇のような計略を破るカギとなるのは、エステルさんにかかっている。それこそが、他ならないエステルさんの使命である、と告げるのです。具体的には、エステルさんが自分の出生はイスラエルであることを王に告白し、同胞が王の側近であるハマンさんの計略に陥《おちい》ろうとしていることを知らせるというもの。そうして、今、イスラエルを救いだせるのはエステルさんしかいない、というのです。

このように、自らの出身を明らかにし、さらに国王に物申すのは、エステルさんにとっては命がけの行為です。しかし、その言葉を自分に告げたのは、他でもない、エステルさんにとっては、両親を失ってからの自分を育ててくれた父のような存在、モルデカイさん。その言葉が、ずっしりとエステルさんにのしかかります。そのモルデカイさんが、自分の身の安全だけを考えて、エステルさんの使命を語っているのではないこと、また、それが、自分も信じている神さまのための行為であることも、承知しています。

すべてを受けて、エステルさんは決断します。それは、モルデカイさんの言葉を、そのままに自分の使命とすることです。主の勇気を受けて、神さまの力を与えられて、エステルさんは命をかけて王の前に出る決意をする。慎重に、高慢《こうまん》にならず、祈りつつ。事実、エステルさんのこころには、不安と恐れが満ちていたことでしょう。しかし、その一つ一つを締めだして、父として育ててくれたモルデカイさんのように、神さまを信じる者が持つ独特の「強さ」が大きくされ、神さまを信じるからこそ生じる「謙遜《けんそん》さ」に、エステルさんも生き始めるのです。

ひときわ輝く星のように

それが、モルデカイさんの生き方でありました。そのエステルさんの決断を受けて、エステルさんの王への直談判《じかだんぱん》を経て、神さまの業《わざ》が順々になされてゆく。そして、ハマンさんの策略は、土壇場《どたんば》で崩れる！　最期に、ハマンさんは、モルデカイさん殺害のために自分が用意したはりつけの柱に、自らがつけられてしまうのです。

このエステルさんの物語から、「今ある自分を精一杯に、最大限に生きる」ということ、また、「与えられている賜物《たまもの》を、与えられている場所で、与えられている立場で、最大限に生きる」ということを通して、「私たちは、この世に生まれてきた使命に生きることができる」ということが告げられているのです。

エステルとは、ペルシア語ですが、ヘブライ語では、ハダサでした。これは、いずれも「星☆」という意味です。かつて星は、「神さまの創造の美しさ」の象徴、「確かな方角を定める」道しるべ、「闇のなかの希望」でした。まさに、それがエステルさんの物語であり、使命でした。

私たちも、たとえ、周囲が闇に包まれていても、その場所で、自分でなければだすことのできない光を放って輝く者（輝く星エステル☆）でありたいと思います。

扉

SHIMEI

夜空に輝く星々のように、キミには使命がある。
でも、その使命は、慌てて、無理やりに、探しても見つからない。

ただ、今を、懸命に生きて、生きて、生きてゆくとき、
使命のカケラが見えてくる。
それを集めると、いつしか僕らの使命がはっきり見えてきて、
誰も真似ができない、キミだけの光で輝くんだ。

RAINBOWを見上げて（高2のキミ）

Key Word 20

「賜物《たまもの》」

デリラさんの物語

デリラは、彼が心の中を一切打ち明けたことを見て取り、ペリシテ人の領主たちに使いをやり、「上って来てください。今度こそ、彼は心の中を一切打ち明けました」と言わせた。ペリシテ人の領主たちは銀を携えて彼女のところに来た。

（旧約聖書　士師《しし》記《き》　16章18節）

「賜物《たまもの》」

恋する人を想《おも》い描く

神さまから、豊かな賜物をいただいて生まれた、サムソンさんという人がいます。

彼は、二十年間、士師と呼ばれ、イスラエルの民を導くことを、神さまの愛を実現することを任された人でした（次の物語、Key Word 21のデボラさんも士師です）。その彼に、神さまから与えられた大きな賜物とは、人並み外れた力、肉体的な力でした。サムソンさんは、ナジル人と呼ばれ、その力には、一つの秘密が隠されていました。それは、神さまからの恵みの賜物の秘密でした。

その秘密とは、「サムソンさんは、母の胎内《たいない》にいたときからナジル人として神さまにささげられていたため、頭にかみそりを当てたことがない。その限りにおいて、サムソンさんは、超人的な力を与えられる。しかし、もし髪の毛を剃《そ》られたら、サムソンさんの力は失われ、弱くなり、並の人間のようになってしまう」というものだったのです。

そのサムソンさんが、デリラさんという女性に出会い、彼女を好きになるのです。恋に落ちるのです！　しかし、残念なことに、そのデリラさんは、サムソンさんが想《おも》い描いているような女性ではなかった。こともあろうに、イスラエルと敵国のペリシテの領主から、買収されてしまうのです。つまり、何とかしてイスラエルの民を倒したいペリシテの領主は、デリラさんに目をつけ、イスラエルの士師《しし》であるサムソンさん、人間の力をはるかに超えたサムソンさんを倒すために、デリラさんを利用しようと企てたのです。

秘密を打ち明ける

敵国であるペリシテは、サムソンさんの弱点を知ろうとします。

裏切り（デリラさんとサムソンさん）

人並み外れた、神さまから与えられた賜物《たまもの》である、あの力をなきものにする秘密を知ろうとしたのです。そうして、ペリシテは、イスラエルとの戦いを優位に進めようとしたのです。そのために、どうしてもサムソンさんの弱点を見つけたい。それをペリシテの領主は、デリラさんに託《たく》し、その報酬として、銀千百枚の約束をする。そこで、デリラさんは、美しい容姿を活《い》かし、言葉を巧みに用いながら、恋の駆け引きをして、報酬のためにサムソンさんの弱点を探すのです。

そのサムソンさん。このデリラさんという女性を、だんだんに深く愛してしまうのです。しかし、サムソンさんも始めは、彼女に対して疑念がないわけではありませんでした。

「あなたの怪力の秘密を教えてほしい。あなたを縛り上げるには、どうすればいいの?」という、デリラさんの「願い」という体裁《ていさい》を取った「誘惑」を、「恋の駆け引き」のようにも聞こえる「そそのかしの言葉」を、サムソンさんは三度も、嘘《うそ》をついてかわしました。

そのたびに、「あなたはわたしを侮《あなど》り、嘘をついた」とサムソンさんは責められ、最後は、「あなたのこころがわたしにないのに、どうしてわたしを愛しているなどと言えますか。もう三度も、あなたはわたしを侮ったではありませんか!」と詰め寄られます。

しかし、こころにかかる疑念はあったものの、デリラさんをこころから愛し始めたサムソンさん。愛するデリラさんに、三度も偽りを言うことに疲れ、こころ引き裂かれるような思いもあり、また自分の力を過信したところもあり、ついには、神さまからいただいた恵みの賜物の秘密を、デリラさんに打ち明けてしまうのです。

ペリシテと通じて、約束を果たしたデリラさんは、大金を手にしました。彼女は、自らの欲望を満たすために、サムソンさんの愛と信頼を裏切ったのです。

即座《そくざ》に、サムソンさんは、髪を剃《そ》り上げられてしまいます。それが、実に、サムソンさんの力の秘密であり、弱点であったからです。サムソンさんは、これまでの力をまったく失い、両目までえぐられてしまう。その豪腕《ごうわん》も、見世物にされ、青銅の足かせをはめられ、地下の牢屋で臼《うす》を引かせられるのです。

しかし、最後に、もう一度だけ、神さまから力をいただき、神殿を崩壊させて、サムソンさんを笑うペリシテの民の犠牲を招くのです。

この物語は、大変有名で、オペラにもなっていますし、演劇や、小説にもなっています。それらは、すべて聖書が原典でありながら、多少のデフォルメをしています。共通点は、決まって、サムソンさんは力が強いのに女性にめっぽう弱く描かれ、その相手のデリラさんは美しく妖艶《ようえん》に演じられます。それらが、強調されればされるほど、私たちは、このサムソンさんとデリラさんと私たちに距離を感じてしまう。私たちとの共通点を見いだせなくなってしまうに違いありません。

互いを生かしてゆく

しかし、この聖書の物語が告げているのは、「このサムソンさんこそ私たち。このデリラさんこそ私たち」ということ。それも、この二人に、そのままの私たちが投影されている、というのです。

したがって、もっとも強調されるべきは、私たちが注目すべきは、サムソンさんの女性への弱さではなく、神さまからいただいた自分の力を自分のものとして過信した罪です。また、デリラさんの美貌《びぼう》ではなく、私欲を満たすために、愛と信頼を裏切る罪なのです。

そして、これは、サムソンさんだけのものでもなく、デリラさんだけのものでもない。私たちの罪だということです。サムソンさんとデリラさんは、本来、与えられている賜物《たまもの》を神さまに感謝し、どうしても負っている欠《か》けや弱さを担い合い、そのような愛の関係を築くべきでした。しかし、二人は、お互いの罪を増幅させてしまう。ここに、サムソンさんとデリラさんの悲しみがある。そのことは、私たちの人間関係にも、少なからず身に覚えのあることです。

　さまざまな賜物が与えられている私たち。そのくぼみと、でっぱりが、一つ一つのピース（部分）になって、一つの円を描くような神さまの愛を描き出してゆきたい、と思うのです。そのためにこそ、私たちの、くぼみとでっぱりが必要なのです。家庭や、学校など、あらゆる人間関係に言えます。その描き出された一つの円こそ、神さまの愛を表すもの。その一つのピース（部分）を、与えられた恵みの賜物を、互いに生かしてゆける、世界でありたい。

行き先

TAMAMONO

僕らは、それぞれがそれぞれのかたちをした、ピース。
キミのくぼみと、誰かのでっぱり。キミのでっぱりと、誰かのくぼみ。
誰かのくぼみと、誰かのでっぱり。他の誰かのくぼみと、他の誰かのでっぱり。
だから、どのピースも、欠いてはならない。
そんな、僕らは、それぞれがそれぞれのかたちをした、ピース。

讃美歌コンクール（高２のキミ）

Key Word 21 ―「家族」

デボラさんの物語

奮い立て、奮い立て、デボラよ
奮い立て、奮い立て、ほめ歌をうたえ。

（旧約聖書　士師記《ししき》　5章12節）

「家族」

母と呼ばれるほど

旧約聖書に、預言者のデボラさんという女性が登場します（預言者については、Key Word 15で説明しています）。

デボラさんは、紀元前十二世紀頃のイスラエルの士師と呼ばれる人でした（士師という点では、先のサムソンさんと一緒。ただし、サムソンさんは男性で、デボラさんは女性）。イスラエルには、十二人の士師が時代時代におり、そのときそのときに必要な神さまの言葉を語る人が与えられました。その中の一人デボラさんは、「イスラエルの母」と呼ばれるほどの人です。

このデボラさんの名前の意味ですが、ヘブライ語では「ミツバチ」という意味です。その名前のとおり、「神さまの愛のミツが、どこにあるか」ということを知り、いつもその甘いミツを見いだし、そこに駆けつけ、それをまず自らがしっかりと受け取る。そして、それを多くの人たちのために用いる、分け与えることのできる人でした。

しかしながら、一方で、そのようなデボラさんを士師《しし》として、指導者として与えられながらも、なかなか神さまに向きを変えようとしないのが、イスラエルの民でした。

このような状況の中で、このデボラさんが詠《よ》んだとされている詩（言葉）があります。

「奮い立て、奮い立て、デボラよ
奮い立て、奮い立て、ほめ歌をうたえ。
立ち上がれ、バラクよ
敵をとりこにせよ、アビノアムの子よ。
そのとき、残った者は堂々と下って行く
主の民は勇ましくわたしとともに下って行く。」

勝利を望み（デボラさん）

どこまでも信頼する

当時、イスラエルの民は、カナンの国のヤビン王に、二十年もの間、支配されておりました。そうした支配から解放され、まことの自立ができるように、デボラさんは士師《しし》として立てられたのです。

まず、デボラさんは、そのためにイスラエルの民の中から、バラクさんを指揮官に選びました。一万という歩兵の数です。対する、敵のカナン族の将軍はシセラさんであり、もっとも有力な将軍の一人でした。このイスラエルのために、戦車九百両を動かしました。戦車だけで九百両です。

その戦車をすべて動員しなくても、歩兵の一万など、簡単に打ち破ることができます。いわゆる、目に見える軍事力、また、そのための国力で比べたら、イスラエルの民の惨敗は、火を見るより明らかです。

そのカナン族の軍備に立ち向かおうとする、数も少なく、力もないイスラエル。交戦のために、まず、山に登りました。逃げるためにではなく、戦うために。戦車が登ることのできない山で、まず敵の歩兵を迎え撃つのです。それから、傾斜で使えない戦車隊に立ち向かおうというのです。軍事力、人の数では劣勢のイスラエルが、まともに戦っても、勝ち目はないからです。

しかし、イスラエル劣勢と思われていたこの戦い。交戦の場が、山中であることの意味が次第に出てきます。交戦前の予測、イスラエル軍の惨敗という予測がグラつき始めるのです。カナン軍の計略が思うように進まなくなる。そのとき、そのとき、です。敵国カナンの将軍シセラさん。指揮官でありながら、ただ一人逃亡するのです。

敵のヤビン王の将軍シセラさんは、その土地のカナン族に逃げ込むのです。かつて、ヤビン王とカナン族は、良い関係だったからです。しかし、カナン族の家の夫人の天幕《てんまく》に逃げ込んだ先で、ヤビン王の将軍シセラさんの命は奪われてしまいます。実に、ヤビン王とカナン族に結ばれていた良い関係は、すでに破断されていたからなのです。

勝利しか知らなかったシセラさんが、惨敗する。予測しなかった事態です。それどころか、シセラさんを打ち破った預言者デボラさんも、この結末を予想はできなかった。そのデボラさんに召集された指揮官バラクさんも同じ。その証拠に、バラクさんは戦いの前、デボラさんに、指揮官の召しを断っています。「預言者デボラさん。

あなたが一緒に来てくださらないなら、指揮官の職をわたしは受けない」と。それほどに、イスラエルにしてみたら、敗色濃厚な戦いだったのです。しかし、デボラさんは、そのバラクさんの言葉に、二つ返事で答えます。

「もちろん、わたしも一緒。そして、わたしたちは、自らの力をつくしましょう。しかし、何よりもまず、神さまの物語に信頼しましょう！」と。

このデボラさんの、信頼と希望あふれる言葉に、臆《おく》するバラクさんはこころを奮い立たせ、戦いに向かうのです。この戦いは楽勝ではありませんでした。けれども、信頼と希望と祈りの中で、神さまの物語が与えられるのです。山を利用する戦略、将軍の逃亡、思わぬ助け手、これらは指揮官のバラクさんも、預言者デボラさんも、敵の者も予想外でした。が、ここに確かな神さまの物語があるのです。

本当の家族のように

この信頼と希望にあふれるデボラさん。このデボラさんは、第四の士師《しし》、唯一の女性士師でした。しかも、ラピドトさんという夫がありました。つまり、彼女は、家庭を持ちつつ、士師の職、神さまの業《わざ》をまっとうしました。「イスラエルの母」と呼ばれるデボラさんは、家庭の母でありながら、民族の母でもあったのです。

家族や、友人、知人の労苦を負いながら、自分の職に立ったのです。いいえ、反対に、家庭や、自分の身内の問題も、自分が神さまの業をまっとうするために意味があると受け止めていたのです。自分の周囲に与えられる物語すべてに意味を見いだし、すべてが用いられることに信頼して、労苦や重荷を、むしろ喜び歩んだのがデボラさんであったのです。デボラさんにとっては、イスラエルの民である隣人もまた家族であり、本当の家族のように愛したと言えます。

私たちはいつでも、臆するバラクさんのようであるかも知れません。「自分の兵を見れば、あまりに少ない。勝ち目がない」と思い込んでしまいます。しかし、そのような私たちに、「奮い立て、奮い立て。立ち上がれ、立ち上がれ」、そして、「いざ、信頼と希望をもって持ち場へと勇みいでよ」と、母なるデボラさんは語るのです。

プロムナード

今日も、家族であろうとし、
明日も家族であろうとし、
その時間が、家族の結びつきを深め、
その時間で、家族になってゆくんだ。

創作ダンス（高3のキミ）

KAZOKU

今日結婚したら、明日、
家族になれるなんてことはない。
僕らは、家族になってゆくんだ。
今日も、明日も、明後日も。

Key Word

22 ―「謙虚」

異邦人《いほうじん》の女性の物語

ところが、女は答えて言った。

「主よ、しかし、食卓の下の小犬も、子供のパン屑《くず》はいただきます。」

（新約聖書　マルコによる福音書　7章28節）

「謙虚」

ひそかに訪れた町で

主イエスが、地中海沿岸の港町ティルスに来ました。

そこに、ある女性が訪ねて来ました。名前は分かりませんが、ギリシア人ということだけは分かっています。このティルスというところは、ガリラヤ湖から、北西に約六十キロほど離れたところです。私たちが、その距離を歩いて行こうとしたら、四～五日はかかるでしょう。この地中海沿いのティルスに、イスラエルの民はほとんど見ることができませんでした。

ティルスは、異邦人《いほうじん》の町。つまり、この町に住む者たちは、聖書の神さまを信じる民ではなかったのです。このティルスに来るのに、主イエスは、この場所に来ることを、誰にも明かさずに来ました。一緒に来たのも、弟子たちだけ。奇跡物語のあとで、自分がした行為を言いふらさないように、主イエスは、いつも口止めをされました。が、この地でも、派手なスーパースターに仕立てあげられたり、低俗な手品師や占い師などに勘違いされることを避けたのでしょう。

主イエスは、自分をおとしめようとばかりする、対立する者にも、反対に、主イエスを一心に求めてくる群衆にも、このティルスに来ることを隠してやって来たのです。この異邦人《いほうじん》の町ティルスに、これほどまで、誰にも知られないようにして訪れたのです。

しかし、それでも、主イエスは、その土地の者たちに気づかれてしまう。ユダヤの町々のように、主イエスを求める多くの人たちに囲まれて、押し潰《つぶ》されそうにはなりませんが、やはり、この地にも、主イエスを求めてやまない人がいたのです。

愛がゆきわたる（主イエスと小犬）

どうしてもかなえたい

そして、この町に来た主イエスを、一人の女性が訪れました。その人は、汚《けが》れた霊に取りつかれた幼い娘を持つ女性でした。シリア人でシリア・フェニキアの生まれ。ですから、彼女もやはり異邦人《いほうじん》でした。主イエスのことを聞きつけ、弟子たちと一緒に家にいる主イエスを見いだし、その女性は、その家に入るなり、主イエスの足もとにひれ伏し願います。「娘から、悪霊《あくれい》を追い出してください」と。

その女性のひれ伏した姿と、その願いを受けて、主イエスは、「まず、わたしは、自分の子どもたちに十分食べさせなければならない。そのための（子どもたちの）パンを取って、小犬にやってはいけない」と言われました。これは、主イエスが、この女性の願いを退けたことになります。主イエスに与えられている神さまの愛という糧《かて》は、まずはイスラエルの民（子どもたち）のために与えられている。まだ、それも十分に（全員に）ゆき届いていないというのです。

この言葉を受けたうえで、この女性は、「主よ。しかし、食卓の下の小犬も、子どものパン屑《くず》はいただきます」と答えました。「主イエスの語られることは、まったくそのとおりです。それでも、小犬に過ぎない異邦人であっても、わたしは、どうしても、神さまの愛を受け取りたい」というのです。自分を「小犬だ」と、主イエスの言葉を、そのままに謙虚に受け止めました。それほどに、いいえ、それでも、どうしても、この女性にはかなえたい願いがあったのです。

その願いをかなえてくださる主イエスの前で、自分が低く、低く、へりくだることは、女性にとって当たり前のことでした。おそらく、ひれ伏したまま、頭を地面にこすりつけるほどの真剣な願いをささげたことでしょう。そこで、主イエスが言葉を続けます。

「それほど言うなら、よろしい。家に帰りなさい。悪霊はあなたの娘から、もう、でていってしまった」と。

この女性が家に帰ってみると、娘は床《とこ》の上に寝ており、悪霊は取り除かれてしまっていたのです。

この女性は、「イエス・キリスト」のことを、「主よ」と呼びました。また同時に、「主よ」と呼ぶだけでなく、まさしく本当に、この女性は、「イエス・キリスト」のことを、「主イエス・キリスト」としたのです。そのときに生まれてくる言葉が、ここにあります。そのときに生まれてくるふるまいが、ここにあります。当たり前といえば、当たり前のことなのに、神さまの前でさえ、自分を「小犬」などと、こころから受け止めることができない。なかなか、そうなれない私たちがいます。

一心にこころ傾けて

私たちには、かなえたい願いごとがたくさんあります。神さまに、そのこころからの願いごとを、いくつも祈り願ってよいのです。

そのときに、「主イエス・キリスト」のお名前によって祈るのです。それだけでは、本当に、「主イエス・キリスト」にしているか、は分かりません。しかし、その願いがかなわないとき、私たちは「イエス・キリスト」を「主」と呼び、呼ぶだけでなく、「主イエス・キリスト」としているかどうか、が分かります。

たとえば、「祈ったって、自分の願いがかなうわけじゃない。やっぱり、神さまに祈ったってしょうがないんだって。祈りなんて、意味ないじゃん」、そう言って口を尖《とが》らせるなら、それは、「イエス・キリスト」を「主」とはしてないことになるでしょう。もし「主」とするならば、ひたすらに、本当にかなえたい願いがあるなら、一心にこころ傾けて、私たちは祈り続け、願い続けるはずです。なぜなら、私たちの願いが、本当に私たちに必要であるなら、「主イエス・キリスト」は、私たちに最善な道を、もっとも良いかたちで、もっとも良いときに与えてくださるからです。ここに、「イエス・キリスト」を「主よ」と呼ぶだけでなく、本当に「主イエス・キリスト」とするふるまいがあるのです。

まさに、ティルスの女性のように、です。この女性の物語よりも先に、「イエス・キリスト」のことを、「主」と呼んだ人はいないのです。弟子たちよりも早く、この女性が、そう呼び、弟子たちは、この女性に学ぶのです。そして、私たちも、ここに学びたいのです。私たちも、願いがあります。たくさんあります。それを、「主」に祈るならば、どこまでも謙虚になって、しかも安心して祈ることができるようになるからです。

光が灯る

KENKYO

キミの祈りがかなえられないからって、
そんなに口を尖《とが》らせることはないよ。

神さまは、キミに、
もっとも良い道を、
もっとも良いかたちで、
もっとも良いときに、
与えようとしてくださってるんだから。

卒業修養会（高３のキミ）

Key Word

23 ―「時間」

出血の止まらない女性の物語

イエスのことを聞いて、群衆の中に紛れ込み、
後ろからイエスの服に触れた。
「この方の服にでも触れればいやしていただける」
と思ったからである。

（新約聖書　マルコによる福音書　5章27―28節）

「時間」

苦しかった十二年間

このとき、ユダヤの地方では、主イエスのことを知らない人は、ほとんどありませんでした。主イエスの語る神さまの愛の言葉は、人々のこころを揺さぶり、神さまの愛の業《わざ》は病を癒《い》やすだけでなく、その人の罪をも赦すほどに大きかった。

主イエスが舟に乗ってガリラヤ湖の向こう岸に行けば、大勢の群衆も、そちらについて行きました。主イエスの一挙手一投足を見逃したくなかったのです。そのため、主イエスは群衆に押し潰《つぶ》されそうにさえなります。

また、群衆を岸辺に、主イエスだけが湖に出て、舟上から語ったりもしました。

相当に声が大きくなければ、できないでしょう。この日も、大勢の群衆が主イエスのそばに集まってきておりました。その押し迫る群衆の中に十二年間も出血の止まらないという女性がいたのです。これは、婦人の病気と言われています。原因は分かりませんが、その文字どおりに出血が止まらないのです。悲しく、つらい病です。簡単に、人前に出ることもできません。

周囲からも、不浄《ふじょう》という烙印《らくいん》を押されて過ごしてきたのです。それも、十二年間。小学校の六年、中学校の三年、高校の三年を合わせると、十二年間になります。その長い、長い間、この女性は、この病のために悲しみ続け、つらさを抱え続けてきたのです。それでも、この病を治すために、この女性は、この病との戦いを戦い続けてきました。が、多くの医者にかかっても、ひどく苦しめられるばかりなのです。医者にかかること、それがもう苦しみでした。

絶望と希望のはざまで

くわえて、その戦いのために、自らの全財産を使い果たしてしまいました。それ

手を伸ばす（出血の止まらない女性）

でも、何の役にも立たず、役に立たないどころか、病状は、ますます悪くなるだけでした。言葉に言い表すことのできないほどの絶望の闇に、この女性のこころは覆われていたはずです。

しかし、「それにもかかわらず」、彼女は、主イエスに希望を抱いて、神さまの愛を求める大勢の者たちのただ中にいたのです。まさしく、「それにもかかわらず」ではないか、と思います。

この女性は、自らの悲しみと苦しみの中でもがき、周囲からも不浄《ふじょう》という烙印《らくいん》を押されながら、十二年間の長い時間を生きてきました。何度も希望を抱いて、「この医者なら治るかも知れない。いや、この医者なら……」と、何度も、何度も、苦しみに顔を伏せながら、治療の門をたたき続けた。しかし、すべての門が彼女には閉じられていた。そうとしか受け取ることができない現実を、彼女は、否応《いやおう》なしに受け止め続けなければならなかった。それが、十二年間続いたのです。

彼女は、孤独であったと思います。彼女は、独りぼっちで病とも戦い、度重《たびかさ》なる失望とも戦い、もうすべての可能性という可能性、すべての希望は失われてしまっていてもおかしくない。絶望の暗い闇の中に閉ざされてしまっていてもおかしくない。そんな現実の中にいたのです。

しかし、「それにもかかわらず」です。この女性は、主イエスという方に、その失望を通り越して、絶望にまで至っておかしくない、その悲しい現実を打ち破る可能性を見る。希望を持つのです。

これは、本当に素晴らしい！　絶望と希望のはざまで、彼女が選び取ったのは、希望のほうだったのです。彼女は、「この方の服にでも触れれば癒《い》やしていただける！」と思って、群衆の中に紛れ込んで、モミクチャにされながらも、後ろから主イエスの服に触れようと手を伸ばした。押し戻されそうになる身体を前に出して、そこから伸ばせるだけ精一杯に手を伸ばして、主イエスの服の裾《すそ》に触れるのです。

そのとき、そのとき、です。彼女の出血がまったく止まる。そのとき、彼女は、病気が癒やされたことを体に感じるのです。主イエスは、神さまの力がご自身の内から出たことに気づいて、群衆をふり返って、「わたしの服に触れたのは誰か？」と問われます。

ここに、主イエスの愛があります。触れた者を見つけようと、辺りを見回している主イエスの前に、恐る恐る彼女は震えながら進み出てひれ伏し、すべてをありのままに（これまでの絶望を、そして、希望を選び取った今を）話しました。その彼女に、主イエスは語られる。「娘よ、あなたの信仰があなたを救った。安心して行きなさい。もうその病気にかからず、元気に暮らしなさい」と。この「信仰」という言葉は、「希望」と言い換えられます。

すべての時間が必要

この「主イエスこそ、キリスト（救い主）」という信仰があることを、そして、そのような希望に生きるために、私たちの人生があることを、この女性は知った。彼女の人生は、ここで、まるごと、初めから終わりまで豊かになりました（豊かにされました）。

私たちは、なかなか、今日の思い煩《わずら》いの意味が、今日分かるということはありません。明日になっても、まだまだ分かりません。しかし、神さまは、私たちの思い煩いの意味や、その経験を通して、本当に知るべきことを、そこに意味があることをかならず教えてくださいます。どんなに時間がかかったとしても、です。

その時間が、その時間こそが、私たちに必要なのです。神さまが、私たちに思い煩いの意味を、一日も早く知らせたいのは、やまやまなのです。しかし、当の私たちに、受け止めるだけのこころがなかったら、そこまで成長できていなかったら、すぐには、翌日には、どうしても、その意味を打ち明けられない。「この世のすべてのものには、定められた時がある」とは、まさにそのとおりなのです。神さまは、不必要な時を与えることなどなさらない。限られた人生に、不必要な時など一時《ひととき》もないのです。

だからこそ、十二年間も出血の止まらない女性の「それにもかかわらず」に、私たちも生きてゆきたい。絶望と希望のはざまでも、希望をこそ選び取り、主イエスに、「あなたの信仰が、あなたの希望があなたを救った」と言っていただけるように。その言葉を受けて、「この与えられる試練も、私でなければ生きえない人生を、私が生きてゆくためのものだ」と、受け止めてゆけるように。

パイプオルガン

JIKAN

キミに与えられる試練は、
キミが、キミでなければ生きえない人生を生きるためにある。
神さまは、真実な方だから、
限られたキミの人生に、不必要な時間なんか、ある訳ないじゃない。

未来を描いて（高３のキミ）

Key Word

24 「祈り」

ハンナさんの物語

HANNAH

ハンナは悩み嘆いて主に祈り、激しく泣いた。

（旧約聖書　サムエル記上　1章10節）

「祈り」

こころを解き放てる場所

旧約聖書のハンナさんの物語。これが、最後の物語です。このハンナさんは、最後の士師《しし》であるサムエルさんのお母さん（これまで、士師として、サムソンさんと、デボラさんの物語を読みました）。ハンナさんの夫は、エフライムの山地に住んでいるエルカナさんです。彼は、ハンナさんだけでなく、ペニナさんをも妻として迎えておりました。そこに、すでに問題を感じます。そのペニナさんには子どもがあり、息子もいれば、娘もおりました。しかし、ハンナさんには子どもが一人もありませんでした。夫エルカナさんも、これだけは、どうすることもできないことでした。

同じ妻でありながら、子どもがいるかいないか、それだけでペニナさんに引け目を覚える、ハンナさんがいます。当時は、子どもが与えられないということが、神さまの愛の外に置かれている人であると考えられ、そのような目で周囲から見られ、扱われました（Key Word 3のエリサベトさん、Key Word 4のサラさんが思い出されます）。ハンナさんの悲しみ、苦しみ、悔《くや》しさが分かります。さらに、悪いことに、ペニナさんは、同じ妻であるハンナさんを意識して敵対視し、イジワルをし、ハンナさんを悩ませ、苦しめました。家族からも、家族の外の人からも、冷たい対応を受けるハンナさんでした。

このエルカナさん一家は、毎年、シロという町に上り、神さまを礼拝し、神さまに一年間家族が守られたことを感謝して、礼拝をささげることを繰り返しておりました。そのたびごとに、子どもがどんどん増えてゆくペニナさんと、子どもが与えられないハンナさん。そこでも、いやがうえにも、ハンナさんは劣等感を覚えたはずです。ハンナさんにとって、こころを許せる場所は、どこにあったでしょう？

感謝の祈り（ハンナさん）

願いをそのままに注ぎだす

　一年の中で、神さまに感謝をささげるためのもっとも喜びの礼拝が、ハンナさんにとっては、現実を突きつけられ、実際に敵対視するペニナさんのイジワルもあって、もっとも悲しみと苦しみの深い日となってしまうのです。ここには、ハンナさんにしか分からない悲しみがあり、何度も流されてきた涙がありました。ハンナさんは涙に暮れ、礼拝後の食事もノドを通らないほどになってしまいます。こころと身体が、悲しみと苦しみの病に侵《おか》されてしまうのです。

　夫エルカナさんの慰《なぐさ》めの言葉も、ハンナさんには虚《むな》しく響きます。他の家族が食事をすませたあと、いたたまれず、独りハンナさんは、神さまに祈るために席を立ちました。そして、ひそかにハンナさんは、神さまに祈りに行きました。悩みに悩んでいるこころの内を、嘆いても、嘆いてもあふれてくる悲しみを。涙で顔をグシャグシャにして、激しく泣きながら、独り祈るのです。「万軍《ばんぐん》の主よ、はしための苦しみをごらんください。このわたしにも、こころを留め、忘れないでください」と。

そして、こころからの願いを注ぎだして、率直に、祈りの言葉を続けます。「どうか、どうか、男の子をお授けくださいますなら、その子の一生を、神さま、あなたにおささげします」と。このハンナさんの姿を、柱の陰から見ていた人がありました。祭司エリさんです。彼は、ハンナさんが、そこに来た時間が食後であったことから、(ハンナさんは食べてはおりませんが)酒に酔っていると誤解しました。ハンナさんの祈りの姿を、酔っ払っていると思ったのです。

あまりに長く祈っているハンナさんに、祭司エリさんが問い詰めます。「いつまで酔っ払っているのか」と。ハンナさんは、「いいえ、祭司様、違います。わたしは深い悩みを持って、ここに来たのです。ぶどう酒も強い酒も飲んではいません。ただ、主なる神さまに、こころからの願いを注ぎだしておりました」と答えました。

しかし、このとき、神さまに祈り終えたとき、ハンナさんは、祈る前とは、まったく違うこころと身体のハンナさんに変えられていた。悩みと嘆きに支配されるハンナさんではなくなっていたのです。ハンナさんは「食事をとり、その表情も、誰が見ても分かるほど変えられた」と言います。このあと、ハンナさんは、神さまに祈りがきかれ、本当に身ごもるのです。が、その前に、神さまに祈り終えたとき、祈りがかなう前に、こころと身体は健やかさを取り戻していたのです。

ここに、祈りのパワーが表れています。大事なことは、神さまは、このように祈りの中で、すでに、私たちの深い悩み、深い悲しみに応えてくださるということです。

涙ながらに祈る日が来ても

祈りは、時と場所を超えることができるものです。愛もまた、時と場所を超えることができますが、愛の具体的なかたちとして、神さまは祈りというものを、私たちに与えてくださったのです。誰かのために祈ることも、自分のために祈ることも、神さまに祈るということは、時と場所を超えて愛するという行為です。神さまは、そのために祈りを、私たちに与えてくださった。愛しているのに、祈ることがないなんて、それは大変にもったいないことです。そういう意味でいえば、私たちは誰しも無力ですが、確かに「愛する者を愛すること」ができます。なぜなら、私たちは誰しも祈ることができるからです。

ハンナさんの名前の由来は、ヘブライ語で「恵み」という意味ですが、祈りこそ、神さまから私たちに与えられている、大きな、大きな「恵み」なのです。神さまは祈りの中で、祈り終えるまでに、もう私たちを変えてくださる「恵み」のパワーを持っています。

ハンナさんの家族で、もっともハンナさんが愛する夫エルカナさん。そのエルカナさんにも、どうすることもできないことがある。ハンナさん自身も、どうしようもできない自分がいる。私たちにも、ハンナさんのように、悩み嘆いて、涙ながらに神さまへ祈る日が、いつかあるかも知れません。

しかし、その日も、また、いいえ、その日にこそ、私たちも、神さまにこころからの願いを注ぎだしたい。そして、祈りの中で、祈り終えるまでに、祈りがきかれる前に、私たちを健やかに変えていただく。その神さまの恵みのうちに涙をぬぐわれたい。さらには、涙をぬぐわれるどころか、本当のこころからの笑顔に変えられてゆく、私たちでありたい。

愛の花

INORI

いつでも、どこにいても、
キミは、祈ることができる！
時を超えて、場所を超えて、
キミは、愛することができる！
愛のひとつのかたちとして、
キミは、祈ることができる！

卒業の日（笑顔のキミ）

おわりに

この夏、十五名の金城生が参加する**イートン・カレッジ**のサマーコースの引率をしてきました。依頼を受けてから、英語のスピーキングが何より心配でした。が、かつて参加した生徒から、「沖崎先生なら、大丈夫ですよ。英語で話すより、先生の笑顔と、高いコミュニケーション力があれば、世界で通じないことは何一つないですよ。ははは」と根拠のない言葉に励まされて、出発の日を迎えました。

イートンでのたくさんの出会いの中で、とってもステキな言葉をもらいました。チェアマン（予定の先生が変更された）、ジョージ・ファシー先生のご自宅に招いていただいたときに、会話の中で登場した言葉です。レンガ造りの家が並ぶ先にあった、ご自宅を訪ねると、玄関に**「一期一会」**の色紙が私たちを出迎えてくれました。

もう、その色紙を見たときに、こころ躍《おど》るものがありました。外靴のまま、部屋の中に通していただいて、奥の川の流れるお庭まで行きました。ちなみに、川には、エリザベス女王の持ち物と言われる白鳥が優雅に羽を休めておりました。お庭に白鳥ですよ！ そこで、ティータイムが催されましたが、挨拶を終えて、さまざまな日本とイギリスの文化、習慣の違いなどが話題になりました。

少し経つと、太陽が陰りはじめ、小雨がサーッとお庭をよぎりました。すると、話題は天候の話へと移り、イギリス滞在中の天候への心配が話されました。そこで、ジョージ・ファシー先生は笑顔でおっしゃいました。「しかし、"**It could be worse!**"ですよ」と。つまりは、「イギリスにいらしたら、天候は、"It could be worse!"（もっと悪くなる可能性だってあったんだから、これでよいのさ）」と。

これは、とっても聖書的。天候のことばかりでなく、今の自分に不満ばかりをつのらせてないで、もっと悪くなる可能性だってあるのだから、これでよいのさ。もっと積極的に言えば、これが良いのさ。今に、感謝しなきゃ！」ってことです。聖書は、言います。

「いつも喜んでいなさい。絶えず祈りなさい。どんなことにも感謝しなさい。」
（テサロニケの信徒への手紙Ⅰ　5章16－18節）

喜んで、祈って、感謝する。一回こっきり、とか、ときどきではないのです。聖書は、**神さまの愛**の中にあるなら、一回こっきり、とか、ときどきではなく、いつも、絶えず、どんなことにも、喜び、祈り、感謝できる。強がりでなく、諦《あきら》めでなく、無理矢理でなく、〝It could be worse!〟の世界が聖書にはあるのです。

さぁ、キミも！　この本を読み終えた、**キミだから**！

キミの人生が曇っても、小雨が降っても、いやいや、大雨が降り嵐《あらし》になっても、〝It could be worse!〟今こそ、大切なときです。神さまの愛の中で、自由に、その道を選んでゆきたい。周りが絶望と不満に支配されても、思い通りにゆかない今にいらだっても、神さまの愛の中にいることを信じて、いつも、**笑顔**で喜びをつかもう。絶えず、新しい自分を思い描いて祈ろう。そして、何事にも感謝して、与えられた道を歩んでゆこう。

二〇一四年七月三〇日（イートンより帰国）

沖崎　学

〈著者紹介〉

沖崎　学（OKIZAKI　MANABU）

1970年12月12日生まれ。
現在、金城学院高等学校・宗教主事。

神さまに選ばれた、あの日から、
当たり前のように過ぎてきた日々は、
神さまが、キミに贈ってくださった、物語。
キミは、卒業の日を迎えても、どんなに年を重ねても、
ホワイトラインの上を歩み続けている。

使用聖書：『聖書 新共同訳』共同訳聖書実行委員会・日本聖書協会 1987, 1988年

カバーと本文のカット：松浦あん

キミのこころに語りかける24のKey Word

2015年3月31日発行
2025年4月15日6刷

著者 沖崎 学

発行　いのちのことば社 フォレストブックス
〒164-0001 東京都中野区中野2-1-5
編集 Tel. 03-5341-6924　Fax. 03-5341-6932
営業 Tel. 03-5341-6920　Fax. 03-5341-6921
e-mail:support@wlpm.or.jp
http://www.wlpm.or.jp
印刷・製本　モリモト印刷株式会社

乱丁落丁はお取り替えします。
ISBN978-4-264-03302-8　C0016